매도청구권
현금청산
토지수용 등

02
권형필 변호사의 재개발 · 재건축 조합 분쟁 사례 시리즈

저자 **권 형 필** 변호사

매도청구권의 법적성격 ?

무허가 건축물이 전전 양도된 경우 매도청구의 상대방은 ?

매도청구권을 행사하기 위한 최고의 요건은 ?

매도청구권 행사 자체가 신의칙에 위반될 수 있는가 ?

매도청구 행사시 매매가격의 기준시기 및 시가의 의미 ?

현금청산 대상자의 동시이행항변의 범위는 ?

현금청산자에게 정비사업비 청구 가능성은 ?

현금청산자에게 주거이전비 등 반환 가능성은 ?

현금청산금 또는 수용보상금 산정 기준일 ?

토지보상금을 이의없이 수령하였을 경우 그 효과는 ?

그 외 조합과 임차인과의 다양한 분쟁형태

본 책에는

지주조합 및 재개발·재건축 관련

매도청구권, 현금 청산

그리고 토지수용에 관한

모든 판례가 정리되었습니다.

01. 매도청구권

I. 매도청구권 일반

[재건축조합/ 매도청구권/ 형성권] 매도청구권은 형성권으로서 행사기간이 도과되면 더 이상 행사할 수 없다(대법원 2000. 6. 27 선고 2000다11621 판결)

[재건축 조합/ 매도청구권/ 헌법위반여부] 재건축 조합에게 인정되는 매도청구권 조항은 헌법에 위반되지 않는다(헌법재판소 1999. 9. 16자 97헌바73 결정)

[재건축 조합/ 매도청구권/ 민사소송] 재건축 정비조합이 공법인이라고 하더라도 매도청구권 행사에 따른 소유권이전등기청구는 민사소송절차에 해당한다(대법원 2010. 4. 8 선고 2009다93923 판결)

II. 매도청구권 행사 요건

[재건축조합/ 매도청구권/ 행사기간 도과] 재건축조합원이 될 수 없는 자에 대해서는 조합설립 동의에 관한 최고가 필요없으므로 조합설립등기를 마친 후

> 매도청구권, 현금청산,
> 토지수용

2개월 이내에 매도청구권을 행사하여야 한다(대법원 2008. 2. 29 선고 2006다56572 판결)

[재건축조합/ 집합건물법상 재건축 유용/ 매도청구권/ 지체없는 최고의 의미] 재건축 결의 후 5개월이 도과된 시점에 최고가 되었다고 하더라도 재건축사업의 진행 정도에 비추어 일정한 상황이 존재한다면 최고가 지체되었다고 볼 수 없다(대법원 2009. 1. 15. 선고 2008다40991 판결).

[재건축조합/ 매도청구권 행사/ 요건불비] 당초 매도청구권 행사가 부적법하였다면 그 이후 법률의 변경 등으로 인한 사정변경이 있다고 하더라도 소급해서 유효로 되지 않는다(대법원 2011. 5. 13. 선고 2009다54843 판결)

[매도청구권 행사기간/ 최고기간/ 회답여부] 토지등소유자가 재건축 참가여부 최고에 대하여 조합측에 결의 내용에 대한 해명을 요구하며 회답을 유보하였더라도, 당초 최고 시점을 기준으로 매도청구권의 행사기간이 산정된다(대법원 2002. 9. 24. 선고 2000다22812 판결)

[재건축조합/ 주택단지 아닌 지역내의 토지 소유자/ 최고 요부] 주택단지 아닌 지역 내의 토지 또는 건물소유자에 대해서도 매도청구권 행사시 최고절차를 거쳐야한다(대법원 2010. 5. 27. 선고 2009다95516 판결).

[재건축 조합/ 매도청구권/ 최고의 요건] 재건축 조합이 매도청구권을 행사하기 위한 최고의 구체성 정도(대법원 2005. 6. 24. 선고 2003다55455 판결)

[재건축조합/ 매도청구권 행사/ 소제기 동시 최고] 재건축조합이 조합설립에 동의하지 않는 자에게 최고와 매도청구권 행사를 위한 소 제기를 동시에 하였을 경우 적법한지 여부(대법원 2010. 7. 15 선고 2009나63380 판결)

[재건축 조합/ 매도청구권/ 최고 도달] 탈퇴 조합원에 대한 매도청구권 행사 중 특이한 사례(대법원 2000. 10. 27. 선고 2000다20052 판결)

[재건축결의/ 매도청구권/ 행사기간도과/ 재결의] 조합은 매도청구권의 행사기간이 도과되었어도 조합설립변경인가 등 절차를 밟아 새로운 매도청구권 행사할 수 있다(대법원 2009. 1. 15. 선고 2008다40991 판결)

[매도청구권/ 조합원의 제명/ 매도청구권 행사] 탈퇴 조합원이 이미 조합 앞으로 신탁에 의한 소유권이전등기를 마친 상태라면 굳이 매도청구권을 행사할 필요는 없다(대법원 2013. 11. 28. 선고 2012다110477,110484 판결)

[재건축 조합/ 분양계약 체결 지연/ 신의칙 위반] 매도청구권 행사로 인한 소유권이전등기 청구가 신의칙 위반이라는 이유로 받아들여지지 않은 사례(서울서부지방법원 2015가합3373 판결)

[재건축조합/ 매도청구권/ 점유이전금지가처분] 재건축 조합에서는 건물 인도 소송을 하면서 그와 동시에 점유이전금지가처분을 해야 안전하다(대법원 1999. 3. 23. 선고 98다59118 판결)

III. 원고 적격 및 피고 적격

[원고적격]

[재건축조합/ 매도청구권/ 조합설립인가 당연무효] 조합이 제기하는 매도청구권 행사에 따른 소유권이전등기 청구소송에서 조합 설립이 당연무효가 아닌 이상 적법성이 추정된다(대법원 2010. 4. 8. 선고 2009다10881 판결)

[재건축결의/ 집합건물법/ 관리단 집회/ 서면결의] 집합건물법 상의 관리단에서 재건축 결의를 위한 관리단 집회까지 서면결의서를 받지 못하였다고 하더라도 그 이후 지속적으로 서면결의서를 받아 4/5의 동의요건을 갖춘다면 해당 재건축 결의는 유효하다(부산지방법원 2016가단344519 소유권이전등기)

[재건축조합/ 조합설립인가/ 당연무효 정도] 조합설립인가처분에 행정청의 법률요건 착오가 있다고 하더라도 이를 두고 곧비로 인가처분이 당연무효라고 볼 수 없다(대법원 2012. 10. 25. 선고 2010두25107 판결)

[재건축조합/ 매도청구권의 요건/ 무효행위의 추인] 매도청구권은 재건축 결의가 유효하게 성립될 것을 전제로 하고 재건축 결의의 요건은 재건축 당시를 기준으로 판단하여야 한다(대법원 2000. 11. 10. 선고 2000다24061 판결)

[재건축조합/ 매도청구권/ 지구단위계획 수립] 구 주택건설촉진법에 의한 지구개발계획이 수립된 경우, 도정법상 정비구역의 지정여부와 상관없이 매도청구권을 행사할 수 있다(대법원 2009. 3. 26. 선고 2008다21549,21556,21563 판결)

[재건축조합/ 매도청구권 행사시 상대방의 주장정리] 조합설립변경결의하자/ 추정분담금 등 정보제공해태/ 조합설립동의 철회절차 및 방법에 관한 설명·고지 및 통지의무 해태 (대구지방법원 2017가합209581 소유권이전등기)

[피고적격]

[재건축 조합/ 매도청구권/ 피고 적격] 부동산 매매에서 매수인이 잔금을 모두 지급한 상태이지만 아직 소유권이전등기가 이전되지 않은 경우 매도청구의 상대방(대법원 2000. 6. 23 선고 99다63084 판결)

[재건축 결의/ 매도청구권/ 피고 적격] 여러 동의 건물 중 일부 동에 대해서만 재건축결의의 요건을 갖춘 경우 재건축 결의가 갖추어진 동의 재건축결의에

찬성하지 아니한 구분소유자에 대한 매도청구권 행사가 가능한지 여부(적극)(대법원 2000. 6. 23. 선고 99다63084 판결)

[재건축조합/ 매도청구권 상대방/ 동의권한 있는 조합원] 무허가 건물이 전전 양도된 경우 조합원이 될 수 있는 소유자의 개념(대법원 1998. 3. 27. 선고 97누17094 판결)

[재건축조합/ 매도청구권/ 토지만의 소유자] 사업시행자는 주택재건축사업의 주택단지 내에 토지만을 소유하고 있는 자에 대하여도 구 도정법상 매도청구권을 행사할 수 있다(대법원 2009. 3. 26. 선고 2008다21549,21556,21563 판결)

[재건축 조합/ 매도청구권 행사 상대방] 재건축 조합이 설립인가를 받았을 경우 최초 동의 기준으로 매도청구권 행사의 상대방을 결정할 수 있고 그 이후 추인에 부동의한 자는 상대방으로 포함될 수 없다(대법원 2011. 1. 13. 선고 2010다57824 판결)

IV. 매도청구권 행사의 효과

[재건축조합/ 매도청구권행사/ 매매계약 성립시기] 조합설립에 동의하지 않

은 자를 상대로 사업시행자가 행사한 매도청구권으로 인하여 매매계약이 성립되는 시기는 원칙적으로 매도청구의 의사 표시일이다(대법원 2009. 3. 26 선고 2008다21549등)

[재건축 조합/ 매도청구/ 매매계약 성립] 조합설립에 명시적으로 부동의하지 않은 자들에 대한 매매계약 성립 간주시기는 조합설립 동의 여부를 확인하는 최고기간 2개월이 만료된 다음 날을 기준으로 한다(서울고등법원 2018나2067931 소유권이전등기)

[재건축조합/ 분양신청하지 않은 조합원/ 매매계약 성립시기] 도정법상 매도청구권에 의하여 매매계약 성립이 의제되는 날은 분양신청기간의 종료일 다음 날이다(대법원 2010. 12. 23. 선고 2010다73215 판결)

[재건축조합/ 매도청구권/ 토지 사용수익권 상실시점] 재건축조합 설립에 동의하지 않은 조합원의 토지 등 사용수익권의 상실 시점(대법원 2010. 6. 24. 선고 2010도985 판결)

[재건축조합/ 재단법인 정관변경강제] 재건축 조합에서 재단법인에 매도청구권을 행사하는 경우 재단법인의 기본재산에 대한 정관변경까지 강제된다(대법원 2008. 7. 10 선고 2008다12453 판결)

[재건축 조합/ 동시이행관계/ 실제 피담보채무액] 매도청구대상 부동산에 권리제한등기가 설정되어 있는 경우 동시이행의 범위는 등기부상 근저당권 채권최고액이 아니라 실제 피담보채무액이다(대법원 1996. 5. 10. 선고 96다6554 판결)

[매도청구/ 권리제한등기/ 이행거절범위] 조합의 매도청구권에 기한 소유권이전등기 청구에 대한 상대방의 이행거절의 범위(청주지방법원 2018가합4229 사건)

[재건축 조합/ 매도청구권 행사/ 권리제한 등기/ 감정가액 판단] 매매대금의 지급을 거절할 수 있는 근저당권 및 가압류의 피보전권리에 관한 판단/ 감정 가액 적정선 판단 (대법원 2009.1.15. 선고 2008다40991 판결)

[재건축조합/ 매매계약의제/ 동시이행] 매도청구 대상의 부동산에 임차인이 있을 경우 공제되는 범위(대구지방법원 2017가합209581 소유권이전등기)

[재건축조합/ 매도청구/ 동시이행의 범위] 매도청구권 행사시 동시이행의 범위는 해당 소유권에 대한 권리제한등기일 뿐 "소유권이전등기청구권(소유권이 아니라)"에 대한 가압류·압류는 아니다(대전고등법원 청주재판부 2019나2415 판결)

V. 매매가격 기준시기 및 시가의 의미

[매도청구권 행사/ 시가/ 개발이익 포함] 재건축사업의 매도청구소송에서 매매가격이 되는 '시가'는 개발이익을 포함한 가격이다(대법원 2014. 12. 11. 선고 2014다41698 판결)

[도정법/ 매도청구권/ 시가 산정의 기준] 집합건물법에 의하여 재건축 결의가 있은 후 재건축 불참자에 대하여 매도청구권이 행사된 경우 그 시가의 기준은 매도청구권이 행사된 당시를 기준으로 한다(대법원 1996. 1. 23. 선고 95다38172 판결)

[재개발·재건축/ 감정평가의 기준] 매도청구권 행사시 시가 감정을 위한 감정평가의 기준에 관한 법원의 태도(대법원 2014. 12. 11. 선고 2012두1570 판결)

[매도청구/ 현금청산대상/ 감정평가 관련] 법원에서 진행한 감정평가는 가급적 존중되어야 한다(청주지방법원 2018가합4229 사건)

[재건축조합/매도청구/시간감정] 시가 감정과 관련된 피고 주장에 대한 최근 구체적 판례 사안(서울고등법원 2018나2064833 소유권이전등기)

02. 현금청산

I. 현금청산 대상자 성립요건

[현금청산/ 분양신청 철회 의사] 분양신청기간이 경과된 이후 임의로 분양신청을 철회한 자는 도정법에서 규정하는 분양신청기간 종료 전에 분양신청을 철회한 자와 동일하게 볼 수 없다(대법원 2013. 7. 11. 선고 2013다13023 판결).

[재건축조합/ 현금청산자 확정시기/ 매매계약 성립의제 되는 날] 조합에서 분양 신청 기간 종료 후 재차 분양신청기회를 부여하였다면 그 기간을 기준으로 현금청산대상자 지위를 결정하여야 한다(대법원 2013. 9. 26. 선고 2011다16127 판결).

[분양신청기간 도과/ 신청 철회자/ 현금청산대상자] 분양신청기간 도과 이후 분양신청을 철회한 자는 통상 분양신청 철회자로 볼 수 없으나 정관에 특별히 규정되어 있는 경우 현금청산자로 볼 수 있다(대법원 2014. 8. 26. 선고 2013두4293 판결).

[도정법/ 협의기간/ 실질적 협의] 구 주택법 또는 도정법상 매도청구권 행사 요건으로서 3개월 기간 농안 거쳐야 하는 '협의'의 의미 및 협의 내용에 대한 입증책임 소재(=사업주체) (대법원 2013. 5. 9. 선고 2011다101315,101322 판결)

II. 현금청산 대상자 지위

[주택재개발사업 조합/ 현금청산자/ 동시이행항변] 재개발조합에서는 관리처분계획 인가처분 이외에 협의 또는 수용절차를 거쳐야만 건물인도를 구할 수 있다(대법원 2011. 7. 28. 선고 2008다91364 판결)

[재건축 조합 / 분양신청/ 청산금 지급] 사업주체의 청산금 지급의무와 소유자의 권리제한 등기 없는 소유권 이전의무는 동시이행관계이다(대법원 2009. 9. 10. 선고 2009다32850,32867 판결)

[도정법제47조/ 청산금 지급/ 권리제한등기] 도정법 제73조에 의하여 재건축조합이 토지 등 소유자에게 청산금의 지급의무를 부담하는 경우, 토지등소유자의 권리제한등기 없는 소유권 이전의무와 사업시행자의 청산금 지급의무의 관계(=동시이행)(대법원 2010. 8. 19. 선고 2009다81203 판결)

[현금청산자/ 정비사업비 부담] 조합에서 현금청산자에게 조합원의 지위가 상실되기 전까지 발생한 정비 사업비 등을 청구할 있는지 여부와 그 요건(대법원 2016. 12. 27. 선고 2014다203212 판결)

[재건축 조합 / 분양신청/ 청산금 지급] 조합원 지위를 상실할 경우 조합원

지위에 있을 당시 얻은 이익을 반환할 필요가 없으므로 기 수령한 이주대출금에 대한 이자 상당액을 반환할 필요는 없다(대법원 2009. 9. 10. 선고 2009다32850,32867 판결)

[재건축조합/ 현금청산자/ 의무부담결의] 재건축조합에서 현금청산자가 특정되었고 탈퇴예정이라고 한다면 그 이후 조합총회에서 현금청산자에게 부담이 되는 결의를 할 수 없다(대법원 2016. 12. 29. 선고 2013다217412 판결)

[매도청구/ 정비사업비 공제/ 공특법 준용여부/ 조합원 당연승계] 매도청구권 행사시 정비사업비 공제 가능성/ 공특법 준용여부/ 조합원 승계의 법리 (청주지방법원 2018가합4229 사건)

[재개발 조합/ 현금청산대상자/ 주거이전비 지급] 주택재개발사업에 있어서 주거용 건축물의 소유자 중 현금청산대상자에 대하여도 구 토지보상법에 따른 주거이전비 및 이사비를 지급해야 하는지 여부(적극)(대법원 2013. 1. 16. 선고 2011두19185 판결)

III. 현금 청산금 산정 기준 시점 및 절차

[사업시행자의 청산금지급의무/ 청산금 기준일] 청산금 지급의무가 발생하

는 시기는 분양신청 기간 종료 다음날이고 이 날이 가액 평가 기준일이 된다(대법원 2009. 9. 10. 선고 2009다32850,32867 판결)

[조합원 지위 상실/ 현금청산 대상자/ 조합원 지위 상실 시점] 재건축조합원은 분양신청기간 종료일 또는 분양신청 기간 내에 철회한 경우 그 종료일 다음날 조합원의 지위를 상실하고 현금청산자로 된다(대법원 2010. 8. 19. 선고 2009다81203 판결)

[재개발조합/ 현금청산대상/ 재결신청] 도정법상 현금청산대상자는 청산금에 관한 협의가 이루어지지 않았을 경우 토지보상법상 협의 및 사전절차를 거치지 않더라도 곧바로 재결신청을 할 수 있다(대법원 2015. 11. 27. 선고 2015두48877 판결)

[현금청산/ 청산금 평가방법/ 법원준수 여부] 현금청산 관련하여 이미 법원에 소송이 제기된 경우 청산금 평가 방법으로 도정법 제73조, 동법 시행령 제60조를 반드시 준수하여야 하는지 여부(대법원 2009. 9. 10. 선고 2009다32850,32867 판결)

IV. 가산금 조항의 해석

[현금청산자/ 수용재결 또는 매도청구/ 가산금] 도정법 제73조 3항에서 정하는 손실보상금과 관련된 가산금 관련 사례 (대법원 2014. 8. 26. 선고 2013두4293 판결)

[재개발 조합/ 현금청산자/ 청산금지급의무 발생시기] 조합원으로서 분양신청한 이후 분양계약을 체결하지 않은 자에 대한 청산금 지급의무 발생시기는 분양계약체결기간 종료일 다음날이고, 그 때부터 지연이자가 발생한다(대법원 2011. 12. 22. 선고 2011두17936 판결)

[재개발조합/ 토지수용/ 수용보상금 지연이자] 재결이 실효된 이후 보상협의 절차는 재차 거칠 필요는 없고 그에 따른 지연이자만이 문제가 되지만 쌍방 합의 하에 보상협의 절차를 재차 진행한 경우에는 지연이자는 발생하지 않는다(대법원 2017. 4. 7. 선고 2016두63361 판결)

V. 법적절차

[주택재개발조합/ 토지수용/ 공법상 당사자소송] 재개발조합은 공법상 단체이므로 현금청산자의 조합에 대한 청산금 청구는 행정소송의 하나인 공법상 당사자소송으로 다투어야 한다(서울고등법원 2013. 4. 17. 선고 2012나94843)

03. 재개발 조합과 토지수용

I. 재개발 조합과 토지수용

[재개발조합/ 토지수용/ 이의유보 없는 수령] 토지수용 보상금을 토지소유자가 아무런 이의 없이 수령하였다면 그 재결에 승복한 것으로 보아야 한다(대법원 1983. 2. 22. 선고 81누311 판결)

[재개발조합/ 토지 수용/ 이의유보] 기업자가 공탁한 공탁금에 대하여 일부수령이라는 등의 이의유보 의사를 표명하였을 경우 재결에 승복한 것이라고 볼 수 없다(대법원 1987. 5. 12 선고 86누498 판결).

[토지보상/ 이의유보/ 소제기 이후 수령] 토지소유자가 이의재결의 효력을 다투는 행정소송 계속 중 이의재결에서 증액된 추가보상금을 이의유보 없이 수령한 경우의 문제(대법원 1990. 10. 23. 선고 90누6125 판결)

[재개발조합/ 보상금청구권/ 공탁의 성격] 토지보상금 청구권에 대하여 압류의 경합이 있는 경우 기업자가 면책되기 위해서 진행하는 공탁의 성격은 변제공탁이나 해방공탁이 아닌 집행공탁이다(대법원 1999. 5. 14. 선고 98다62688 판결).

매도청구권, 현금청산, 토지수용

[재개발조합/ 토지 수용/ 물상대위] 수용토지에 관한 저당권자가 물상대위권을 행사할 수 있는 충분한 시간적 간격을 두고 토지수용 사실을 알았던 경우에는 사업시행자가 근저당권자에 대한 협의나 통지를 해태하였다고 하더라도 손해배상책임을 부담하지 않는다(대법원 2003. 4. 25. 선고 2001다78553 판결)

[재개발조합/ 토지보상법/ 사업인정] 토지보상법에서의 사업인정의 효과(대법원 1995. 12. 5. 선고 95누4889 판결)

[수용재결/ 사업시행변경인가 효력] 사업시행인가가 적법하다면 그에 터 잡은 수용재결 역시 적법하다(서울고등법원 2004. 5. 14. 선고 2003누6100 판결)

[재개발조합/ 수용재결 효력] 금전보상에 대한 수용재결이 확정된 경우, 토지 및 건물을 수용당한 조합원은 조합원의 지위도 상실한다(대법원 2011. 1. 27. 선고 2008두14340 판결 [관리처분계획취소등])

[재개발조합/ 관리처분계획 인가 효력/ 소유자의 사용수익 권한] 재개발구역 내에서의 토지 등의 종전 소유자들은 사용수익권한을 상실한다(대법원 1992. 12. 22. 선고 91다22094 전원합의체 판결).

[재개발 조합/ 소유권 취득/ 부당이득] 도정법상 수용개시일까지 보상금이나 공탁금을 공탁하면 수용개시일에 소유권을 취득하고 이후 보상금이 증액되었다는 이유로 소유권 취득일이 변동되지 않는다(대법원 2017. 3. 30. 선고 2014두43387 판결)

[재개발조합/ 가산금 청구 방법] 토지보상법상의 지연가산금 청구는 보상금 증액 관련 행정소송의 형태로 진행되어야 한다(대법원 1997. 10. 24. 선고 97다31175 판결)

[토지 수용 재결/ 손실보상/ 손해배상] 사업인정 전의 사업시행으로 인하여 재산권이 침해되었음을 원인으로 한 손해배상청구가 토지수용사건에 관련청구로서 병합될 수 있는지 여부(적극)(대법원 99두561 판결)

매도청구권, 현금청산, 토지수용

04. 재개발.재건축 조합과 임차인 등과의 분쟁

I. 재개발.재건축 조합과 임차인 등과의 분쟁

[재건축조합/ 토지보상법 준용 여부/ 임차인의 임차보증금 반환청구 요건] 재건축 사업자와 임차인과의 관계(대법원 2014. 7. 24. 선고 2012다62561,62578 판결)

[재건축조합/ 임차인/ 건물인도] 관리처분계획인가 고시가 있을 경우 임차인은 계약기간과 상관없이 임차목적물을 인도하여야 하고 영업보상 등을 청구할 수 없다(서울남부지방법원 2019가단250385 건물인도 판결)

[재건축조합/ 손실보상금/ 임대차기간] 주택재건축사업에서 임차인의 지위/ 손실보상금 준용여부/ 임대차기간 보장여부(서울중앙지방법원 2018가단5212675 건물인도)

CONTENTS

01. 매도청구권 ········ 25

Ⅰ. 매도청구권 일반 ········ 26
Ⅱ. 매도청구권 행사 요건 ········ 38
Ⅲ. 원고 적격 및 피고 적격 ········ 76
Ⅳ. 매도청구권 행사의 효과 ········ 110
Ⅴ. 매매가격 기준시기 및 시가의 의미 ········ 131

02. 현금청산 ········ 147

Ⅰ. 현금청산 대상자 성립요건 ········ 148
Ⅱ. 현금청산 대상자 지위 ········ 165
Ⅲ. 현금 청산금 산정 기준 시점 및 절차 ········ 193
Ⅳ. 가산금 조항의 해석 ········ 205
Ⅴ. 법적절차 ········ 217

03. 재개발 조합과 토지수용 ·································223

Ⅰ. 재개발 조합과 토지수용································· 224

04. 재개발·재건축 조합과 임차인 등과의 분쟁···············253

Ⅰ. 재개발·재건축 조합과 임차인 등과의 분쟁······················ 254

02

**권형필 변호사의
재개발·재건축 조합 분쟁 사례 시리즈**

01.
매도청구권

I. 매도청구권 일반

도정법상 매도청구권 절차

도정법 제64조(재건축사업에서의 매도청구) ① 재건축사업의 사업시행자는 사업시행계획인가의 고시가 있은 날부터 **30일 이내**에 다음 각 호의 자에게 조합설립 또는 사업시행자의 지정에 관한 동의 여부를 회답할 것을 서면으로 **촉구**하여야 한다.
  1. 제35조제3항부터 제5항까지에 따른 조합설립에 동의하지 아니한 자
  2. 제26조제1항 및 제27조제1항에 따라 시장·군수등, 토지주택공사등 또는 신탁업자의 사업시행자 지정에 동의하지 아니한 자
 ② 제1항의 촉구를 받은 토지등소유자는 촉구를 받은 날부터 2개월 이내에 회답하여야 한다.
 ③ 제2항의 기간 내에 회답하지 아니한 경우 그 토지등소유자는 조합설립 또는 사업시행자의 지정에 동의하지 아니하겠다는 뜻을 회답한 것으로 본다.
 ④ 제2항의 기간이 지나면 사업시행자는 그 기간이 만료된 때부터 2개월 이내에 조합설립 또는 사업시행자 지정에 동의하지 아니하겠다는 뜻을 회답한 토지등소유자와 건축물 또는 토지만 소유한 자에게 건축물 또는 토지의 소유권과 그 밖의 권리를 매도할 것을 청구할 수 있다.

> 사업시행자 30일 이내 서면촉구 =〉 토지등 소유자 2개월 이내 회답 = 회답하지 않을 경우 사업시행자 지정에 동의하지 않겠다는 회답간주 =〉 2개월 이내에 매도청구권 행사

집합건물법상 매도청구권 절차

집합건물법제47조(재건축 결의) ① 건물 건축 후 상당한 기간이 지나 건물이 훼손되거나 일부 멸실되거나 그 밖의 사정으로 건물 가격에 비하여 지나치게 많은 수리비·복구비나 관리비용이 드는 경우 또는 부근 토지의 이용 상황의 변화나 그 밖의 사정으로 건물을 재건축하면 재건축에 드는 비용에 비하여 현저하게 효용이 증가하게 되는 경우에 관리단집회는 그 건물을 철거하여 그 대지를 구분소유권의 목적이 될 새 건물의 대지로 이용할 것을 결의할 수 있다. 다만, 재건축의 내용이 단지 내 다른 건물의 구분소유자에게 특별한 영향을 미칠 때에는 그 구분소유자의 승낙을 받아야 한다.
② 제1항의 결의는 구분소유자의 5분의 4 이상 및 의결권의 5분의 4 이상의 결의에 따른다.
③ 재건축을 결의할 때에는 다음 각 호의 사항을 정하여야 한다.
1. 새 건물의 설계 개요
2. 건물의 철거 및 새 건물의 건축에 드는 비용을 개략적으로 산정한 금액
3. 제2호에 규정된 비용의 분담에 관한 사항
4. 새 건물의 구분소유권 귀속에 관한 사항

④ 제3항 제3호 및 제4호의 사항은 각 구분소유자 사이에 형평이 유지되도록 정하여야 한다.
⑤ 제1항의 결의를 위한 관리단집회의 의사록에는 결의에 대한 각 구분소유자의 찬반 의사를 적어야 한다.

제48조(구분소유권 등의 매도청구 등)
① 재건축의 결의가 있으면 집회를 소집한 자는 지체 없이 그 결의에 찬성하지 아니한 구분소유자(그의 승계인을 포함한다)에 대하여 그 결의 내용에 따른 재건축에 참가할 것인지 여부를 회답할 것을 서면으로 촉구하

여야 한다.
② 제1항의 촉구를 받은 구분소유자는 촉구를 받은 날부터 2개월 이내에 회답하여야 한다.
③ 제2항의 기간 내에 회답하지 아니한 경우 그 구분소유자는 재건축에 참가하지 아니하겠다는 뜻을 회답한 것으로 본다.
④ 제2항의 기간이 지나면 재건축 결의에 찬성한 각 구분소유자, 재건축 결의 내용에 따른 재건축에 참가할 뜻을 회답한 각 구분소유자(그의 승계인을 포함한다) 또는 이들 전원의 합의에 따라 구분소유권과 대지사용권을 매수하도록 지정된 자(이하 "매수지정자"라 한다)는 제2항의 기간 만료일부터 2개월 이내에 재건축에 참가하지 아니하겠다는 뜻을 회답한 구분소유자(그의 승계인을 포함한다)에게 구분소유권과 대지사용권을 시가로 매도할 것을 청구할 수 있다. 재건축 결의가 있은 후에 이 구분소유자로부터 대지사용권만을 취득한 자의 대지사용권에 대하여도 또한 같다.
⑤ 제4항에 따른 청구가 있는 경우에 재건축에 참가하지 아니하겠다는 뜻을 회답한 구분소유자가 건물을 명도(明渡)하면 생활에 현저한 어려움을 겪을 우려가 있고 재건축의 수행에 큰 영향이 없을 때에는 법원은 그 구분소유자의 청구에 의하여 대금 지급일 또는 제공일부터 1년을 초과하지 아니하는 범위에서 건물 명도에 대하여 적당한 기간을 허락할 수 있다.
⑥ 재건축 결의일부터 2년 이내에 건물 철거공사가 착수되지 아니한 경우에는 제4항에 따라 구분소유권이나 대지사용권을 매도한 자는 이 기간이 만료된 날부터 6개월 이내에 매수인이 지급한 대금에 상당하는 금액을 그 구분소유권이나 대지사용권을 가지고 있는 자에게 제공하고 이들의 권리를 매도할 것을 청구할 수 있다. 다만, 건물 철거공사가 착수되지 아니한 타당한 이유가 있을 경우에는 그러하지 아니하다.

제49조(재건축에 관한 합의) 재건축 결의에 찬성한 각 구분소유자, 재건축 결의 내용에 따른 재건축에 참가할 뜻을 회답한 각 구분소유자 및 구분소유권 또는 대지사용권을 매수한 각 매수지정자(이들의 승계인을 포함한다)는

재건축 결의 내용에 따른 재건축에 합의한 것으로 본다.

> 재건축 결의(구분소유자및의결권 4/5) =〉 지체없이 찬성하지 않는 자에 대한 재건축 참가여부 확인 =〉 2개월 이내 회답이 없을 경우 참가하지 않는 것으로 간주 =〉 회답이 있거나 회답이 없어 참가하지 않을 것으로 간주되는 시점부터 2개월 이내에 매도청구권 행사(재건축 결의 이후 대지사용권만 취득한 자에 대해서도 동일)

[재건축조합/ 매도청구권/ 형성권] 매도청구권은 형성권으로서 행사기간이 도과되면 더 이상 행사할 수 없다(대법원 2000. 6. 27 선고 2000다11621 판결)

> **판례 해설**
>
> 형성권이란 권리자의 일방적 의사표시에 의하여 법률관계의 발생·변경·소멸을 일으키는 권리로서 법조문에 규정된 요건 하에서만 행사할 수 있고, 그 요건에 부합하지 않을 경우 그 권리를 행사할 수 없다.
>
> 현행 집합건물법과 도시정비법에서 규정하고 있는 매도청구권은 법률상 형성권으로서 법률에 규정된 범위 내에서만 행사할 수 있고 그 범위를 넘어서, 예컨대 <u>매도청구권 행사 기간을 도과해서는 더 이상 매도청구권을 행사할 수 없다.</u>
>
> 이는 대상판결에서 설시한 바와 같이 매도청구권 행사 기간을 제한하지 않으면 매도청구 상대방은 재건축조합이 언제 매도청구를 할지 알 수 없으므로 법적 지위가 불안해지기 때문에 그 권익을 보호하고 법적 안정성을 위

하여 매도청구권 행사기간을 제한하고 있는 것이다.

법원판단

구 집합건물법 제48조 제4항에서 **재건축참가자 또는 매수지정자가 재건축 참여 여부에 대한 최고를 한 후 같은 조 제2항 소정의 기간만료일로부터 2개월 이내에 재건축에 참가하지 아니한 구분소유자에 대하여 매도청구권을 행사하도록** 매도청구권의 행사기간을 규정한 취지는, 매도청구권이 형성권으로서 재건축참가자 다수의 의사에 의하여 재건축에 참가하지 아니한 구분소유자의 구분소유권에 관한 매매계약의 성립을 강제하는 것이므로, 만일 위와 같이 **행사기간을 제한**하지 아니하면 매도청구의 상대방은 재건축참가자 또는 매수지정자가 언제 매도청구를 할지 모르게 되어 그 법적 지위가 불안전하게 될 뿐만 아니라 재건축참가자 또는 매수지정자는 매수대상인 구분소유권 등의 시가가 가장 낮아지는 시기를 임의로 정하여 매도청구를 할 수 있게 되어 재건축에 참가하지 아니한 구분소유권자의 권익을 부당하게 침해할 우려가 있는 점에 비추어 상대방의 정당한 법적 이익을 보호하고 아울러 재건축을 둘러싼 법률관계를 조속히 확정하기 위한 것이라고 봄이 상당하므로 <u>매도청구권은 위 행사기간 내에 이를 행사하지 아니하면 그 효력을 상실한다.</u>

[재건축 조합/ 매도청구권/ 헌법위반여부] 재건축 조합에게 인정되는 매도청구권 조항은 헌법에 위반되지 않는다(헌법재판소 1999. 9. 16자 97헌바73 결정)

> **판례해설**
>
> 대상판결은 헌법재판소가 재건축조합에서 매도청구권을 행사할 수 있도록 규정한 도정법 등 조항에 대하여 헌법에 위반되지 않는다고 판시한 내용이다.
>
> 헌법 제37조 제2항은 '국민의 모든 자유와 권리는 국가안전보장·질서유지 또는 공공복리를 위하여 필요한 경우에 한하여 법률로써 제한할 수 있으며, 제한하는 경우에도 자유와 권리의 본질적인 내용을 침해할 수 없다.'고 명시하고 있으며, 헌법재판소는 과잉금지원칙 즉, ①목적의 정당성 ②방법의 적절성 ③피해의 최소성 ④법익의 균형성에 따라 위헌여부를 판단한다.
>
> 헌법재판소는 재건축사업의 매도청구권에 관하여 노후·불량주택을 재건축하여 도시환경을 개선하고 주거생활의 질을 높인다는 공공복리를 실현하기 위한 것으로서 입법목적의 정당성이 인정되고, 재건축 불참자의 사익은 위와 같은 공익에 비하여 크지 않으며, 매도청구권은 재건축을 가능하게 하기 위한 최소한의 필요조건으로서 재건축 제도를 인정하는 이상 위헌이라고 할 수 없다고 판단하였다.

법원판단

(1) 도정법상 매도청구권 조항

이 법(집합건물법) 제48조 제4항은 재건축 참가자 또는 이들의 합의에 의하여 지정된 자는 재건축 불참자에 대하여 그 구분소유권 및 대지사용권을 시가로 매도할 것을 청구할 수 있도록 규정하고 있는바, **이러한 매도청구권은 재건축을 가능하게 하기 위한 최소한의 필요조건이라 할 것이므로 재건축제도를 인정하는 이상은 이 자체를 가지고 재건축불참자의 기본권을 과도하게 침해하는 위헌적인 규정이라고는 할 수 없다.**

한편, 청구인 박○○과 윤◎◎은 토지수용법의 하위법이라고 할 수 있는 이 법 제48조 제4항이 토지수용법과 달리 재건축참가자의 매도청구권에 대해서만 규정함으로써 재건축참가자는 매매대금을 전혀 지급하지 않고서도 매도청구권을 행사할 수 있도록 하고 이로써 바로 재건축불참자의 구분소유권과 대지사용권을 취득하고 나아가 명도청구까지 할 수 있도록 하고 있으므로 비례와 공평의 원칙 등에 위반된다고 주장한다. 그러나 **이 법과 토지수용법은 그 입법목적을 전혀 달리 하는 것으로 이 법이 토지수용법과 그 내용을 달리하고 있다는 이유만으로 이 법의 위헌을 주장할 수는 없고, 이 법 제48조 제4항에 의한 매도청구권의 행사가 있게 되면 매도청구권 행사자와 재건축불참자 사이에는 재건축불참자의 구분소유권 및 대지사용권에 대한 매매계약이 성립한 것으로 의제되므로 매도인인 재건축불참자는 매매에 관한 일반 원칙에 따라 매매대금인 시가 상당의 금원을 지급 또는 제공받을 때까지 그 소유권이전 및 명도의무의 이행을 거절할 수 있으므로 이에 대한 청구인들의 주장은 모두 이유없다. (오히려 같은 조 제5항은 매도청구권 행사자가 매매대금을 지급하였거나 제공한 경우에도 재건축불참자가 그 건물의 명도로 인하여 생활상 현저한 곤란을 받을 우려가 있고 재건축의 수행에 심한 영향이 없는 때에는 법원은 그 재건축불참자의 청구에 따라 대금의 지급 또는 제공일로부터 최장 1년간 건물의 명도에 관한 기간을 허여할 수 있도록 하고 있다)

(2) 시가에 의한 매도가격의 위헌 여부

청구인 박순범은 재건축불참자에 대해 **그 구분소유권과 대지사용권을 시가에 따라 매도청구**할 수 있도록 한 것은 재건축 참가자들과 형평이 어긋나는 것으로 헌법 제11조의 평등권을 침해한 것이라고 주장한다.

그러나 통상의 매매가 시가에 의하여 이루어지는 것이므로 이 법 제48조 제4항에서 재건축불참자의 구분소유권과 대지사용권에 대한 매도의 기준가격으로 시가를 규정하고 있는 것을 불참자에게 불이익한 것으로 볼 수는 없다. 더구나 위 조항에서 규정한 시가에는 재건축으로 인하여 발생할 것으로 예상되는 개발이익도 포함된다고 할 것이므로 재건축불참자가 재건축참가자에 비해 형평에 어긋나는 불이익을 입는다고도 할 수 없다.

[재건축 조합/ 매도청구권/ 민사소송] 재건축 정비조합이 공법인이라고 하더라도 매도청구권 행사에 따른 소유권이전등기청구는 민사소송절차에 해당한다(대법원 2010. 4. 8 선고 2009다93923 판결)

판례해설

재건축조합은 조합의 설립인가 이후에는 공법인의 지위를 누리기는 하지만 그렇다고 하여 그와 관련된 분쟁이 모두 행정소송은 아니다. 대법원은 재건축조합과 조합 설립에 동의하지 않은 자 사이의 매도청구를 둘러싼 법률관계는 **사법상의 법률관계로 보아 매도청구소송은 민사소송**에 의하여야 한다고 판단하고 있다.

더 나아가 매도청구권은 적법한 조합설립인가를 받은 재건축 조합이 갖는 것으로서, 이에 대한 적법성 판단은 일단 조합설립인가처분이 있는 이상 인가처분이 취소되거나 당연무효가 아닌 한 일응 적법하다고 추정되므로 소유권이전등기청구 역시 부적법하다고 할 수 없다고 본다.

법원판단

1. 전속관할 위반이라는 주장(상고이유 제1점)에 대하여

구 도시 및 주거환경정비법(2007. 12. 21. 법률 제8785호로 개정되기 전의 것, 이하 '구 도시정비법'이라 한다)상 주택재건축정비사업조합이 공법인이라는 사정만으로 조합 설립에 동의하지 않은 자의 토지 및 건축물에 대한 주택재건축정비사업조합의 매도청구권을 둘러싼 법률관계가 공법상의 법률관계에 해당한다거나 그 매도청구권 행사에 따른 소유권이전등기절차 이행을 구하는 소송이 당연히 공법상 당사자소송에 해당한다고 볼 수는 없고, 위 법률의 **규정들이 주택재건축정비사업조합과 조합 설립에 동의하지 않은 자와의 사이에 매도청구를 둘러싼 법률관계를 특별히 공법상의 법률관계로 설정하고 있다고 볼 수도 없으**므로, 주택재건축정비사업조합과 조합 설립에 동의하지 않은 자 사이의 매도청구를 둘러싼 법률관계는 사법상의 법률관계로서 그 <u>매도청구권 행사에 따른 소유권이전등기의무의 존부를 다투는 소송은 민사소송</u>에 의하여야 할 것이다.

기록에 의하면, **이 사건 소는 주택재건축정비사업조합인 원고가 조합 설립에 동의하지 않은 피고들을 상대로 매도청구권 행사에 따른 소유권이전등기를 구하는 소송임이 분명**한바, 위 법리에 비추어 보면, 이 사건 소를 행정소송의 전속관할에 위반한 부적법한 소라고 볼 수 없으므

로, 이 사건 소를 민사소송으로 보고 본안에 나아가 판단한 원심판결에 전속관할에 관한 규정에 어긋난 위법이 없다.

2. 조합설립결의가 유효라는 주장 등(상고이유 제2, 3점)에 대하여

가. 구 도시정비법 제39조에서는, 사업시행자는 주택재건축사업을 시행하면서 제16조 제2항 및 제3항의 규정에 의한 조합 설립의 동의를 하지 아니한 자(건축물 또는 토지만 소유한 자를 포함한다, 이하 같다)의 토지 및 건축물에 대하여는 집합건물의 소유 및 관리에 관한 법률 제48조의 규정을 준용하여 매도청구를 할 수 있다고 규정하고 있는바, 주택재건축사업에서의 사업시행자인 정비사업조합은 관할 행정청의 조합설립인가와 등기에 의해 설립되고, 조합 설립에 대한 토지 등 소유자의 동의(이하 '조합설립결의'라 한다)는 조합설립인가처분이라는 행정처분을 하는 데 필요한 절차적 요건 중 하나에 불과한 것이므로, **조합설립결의에 하자가 있다 하더라도 그로 인해 조합설립인가처분이 취소되거나 당연무효로 되지 않는 한 정비사업조합은 여전히 사업시행자로서의 지위를 갖는다**(대법원 2009. 9. 24. 선고 2008다60568 판결 참조).

따라서 재건축정비사업조합이 조합 설립에 동의하지 않은 자 등에 대해 매도청구권을 행사하여 그에 따른 소유권이전등기절차 이행 등을 구하는 소송을 제기한 경우 그 소송절차에서 조합 설립에 동의하지 않은 자 등이 조합설립결의에서 정한 비용분담에 관한 사항 등이 구체성을

결여하여 위법하다는 점을 근거로 매도청구권 행사의 적법성을 다툴 수 있기 위해서는, 그와 같은 사정으로 조합설립결의가 효력이 없다는 것만으로는 부족하고, 나아가 그로 인해 조합설립인가처분이 적법하게 취소되었거나 그 하자가 중대·명백하여 당연무효임을 주장·입증하여야 한다 (대법원 2010. 2. 25. 선고 2009다66686 판결 참조).

II. 매도청구권 행사 요건

[재건축조합/ 매도청구권/ 행사기간 도과] 재건축조합원이 될 수 없는 토지 또는 건물만의 소유자에 대해서는 조합설립 동의에 관한 최고가 필요없으므로 조합설립등기를 마친 후 2개월 이내에 매도청구권을 행사하여야 한다(대법원 2008. 2. 29 선고 2006다56572 판결)

판례해설

최고는 상대방에 대하여 일정한 행위를 하도록 요구하는 통지로서 의무자에 대하여 의무를 이행하도록 하거나, 권리자에 대하여 권리를 행사하라고 하는 의사표시다. 이와 같은 법리하에 대상판결은 **최고 여부와 상관없이 현재의 권리관계가 이미 확정된 상태라고 한다면 최고라는 절차가 필요없다**고 보고 있다.

<u>주택재건축사업의 주택단지 내에 '토지만 소유하고 있는 자', '건물만 소유하고 있는 자'</u>는 애초에 조합원이 될 수 있는 자격이 없고, 조합 설립 동의의 상대방도 아니다. 따라서 이들에 대하여는 도정법 제64조 제1항의 조합 설립에 관한 동의 여부를 최고할 필요가 없다.

그러므로 조합원이 될 수 없는 자 <u>대하여는 조합원이 될 것인지 여부를</u>

> 확인하는 2개월의 최고기간은 무의미한 절차로서 결국 최고 여부와 상관없이 조합설립등기 마친 날을 기산점으로 하여 2개월 내 매도청구권을 행사하여야 하고, 만일 위 기간 내에 행사하지 않으면 그 효력을 상실한다.

법원판단

1. 가. 도시정비법상 각 조항 및 원심 인정사실에 의하면 **피고는 원고가 시행하는 이 사건 주택재건축사업의 주택단지 내에 토지만을 소유하고 있어 "토지 등 소유자"에 해당하지 않아 조합원의 자격이 없을 뿐 아니라 도시정비법 제16조 제2항, 제3항 소정의 조합 설립 동의의 상대방이 되지도 아니한다.**

나. 도시정비법 제39조에 '사업시행자는 주택재건축사업을 시행함에 있어 제16조 제2항 및 제3항의 규정에 의한 조합 설립의 동의를 하지 아니한 자(건축물 또는 토지만 소유한 자를 포함한다)의 토지 및 건축물에 대하여는 집합건물법 제48조의 규정을 준용하여 매도청구를 할 수 있다. 이 경우 재건축결의는 조합 설립의 동의로 보며, 구분소유권 및 대지사용권은 사업시행구역 안의 매도청구의 대상이 되는 토지 또는 건축물의 소유권과 그 밖의 권리로 본다.'고 규정하고, 집합건물법 제48조 제1항에 '재건축의 결의가 있은 때에는 집회를 소집한 자는 지체 없이 그 결의에 찬성하지 아니한 구분소유자(그의 승계인을 포함한

다)에 대하여 그 결의내용에 따른 재건축에의 참가 여부를 회답할 것을 서면으로 최고하여야 한다.'고 규정하고 있는바, 이 사건 주택재건축사업의 주택단지 내에 토지만을 소유하고 있어 조합 설립 동의의 상대방이 되지 아니하는 피고는 집합건물법 제48조 제1항에서 규정한 최고 절차에 대하여 법률상 이해관계를 갖지 아니하므로 이러한 자에 대한 매도청구에 있어서는 매도청구 전에 최고 절차를 거치지 않았더라도 그 매도청구가 위법하다거나 무효로 된다고 할 수 없다.

다. 집합건물법 제48조 제4항에서 매도청구권의 행사기간을 규정한 취지는, 매도청구권이 형성권으로서 재건축참가자 다수의 의사에 의하여 매매계약의 성립을 강제하는 것이므로, 만일 위와 같이 행사기간을 제한하지 아니하면 매도청구의 상대방은 매도청구권자가 언제 매도청구를 할지 모르게 되어 그 법적 지위가 불안전하게 될 뿐만 아니라 매도청구권자가 매수대상인 구분소유권 등의 시가가 가장 낮아지는 시기를 임의로 정하여 매도청구를 할 수 있게 되어 매도청구 상대방의 권익을 부당하게 침해할 우려가 있는 점에 비추어 매도청구 상대방의 정당한 법적 이익을 보호하고 아울러 재건축을 둘러싼 법률관계를 조속히 확정하기 위한 것이라고 봄이 상당하므로 매도청구권은 그 행사기간 내에 이를 행사하지 아니하면 그 효력을 상실한다고 할 것이고 (대법원 2000. 6. 27. 선고 2000다11621 판결, 대법원 2002. 9. 24. 선고 2000다22812 판결 참조), 이러한 법리는 집합건물법 제48조 제1항 소정의 최고 절차를 요하지 않는다고 해석되는 피고에 대한 매도청구에 있어서도

마찬가지라고 할 것이다.

한편, 도시정비법 제39조에 사업시행자가 매도청구를 할 수 있다고 규정하고, 동법 제2조 제8호에 "사업시행자"라 함은 정비사업을 시행하는 자를 말한다고 규정하고 있으며, 동법 제18조 제2항에 조합은 조합 설립의 인가를 받은 날부터 30일 이내에 주된 사무소의 소재지에서 대통령령이 정하는 사항을 등기함으로써 성립한다고 규정하고 있으므로, **원고가 주택재건축정비사업조합으로서 주택재건축사업을 시행하는 이 사건에 있어서 원고는 조합설립등기를 마친 때로부터 매도청구를 할 수 있다고 할 것이고**, 집합건물법 제48조 제4항에서 매도청구권의 행사기간을 규정한 취지 및 도시정비법 제39조에서 이러한 집합건물법 제48조 제4항을 준용하도록 한 입법 취지에 비추어 볼 때, **원고는 조합설립등기를 마친 때로부터 집합건물법 제48조 제4항 소정의 2월 이내에 피고에 대하여 매도청구를 할 수 있다고 해석함이 상당**하다.

[재건축조합/ 매도청구권/ 지체없는 최고의 의미] 재건축 결의 후 5개월이 도과된 시점에 최고가 되었다고 하더라도 재건축사업의 진행 정도에 비추어 일정한 상황이 존재한다면 최고가 지체되었다고 볼 수 없다(대법원 2009. 1. 15. 선고 2008다40991 판결).

집합건물법 제48조(구분소유권 등의 매도청구 등) ① 재건축의 결의가 있으면 집회를 소집한 자는 **지체 없이** 그 결의에 찬성하지 아니한 구분소유자

(그의 승계인을 포함한다)에 대하여 그 결의 내용에 따른 재건축에 참가할 것인지 여부를 회답할 것을 서면으로 촉구하여야 한다.

구 도정법(법률 제14792호(시행 2018. 2. 9)로 개정되기 전의 것)
제39조(매도청구) 사업시행자는 주택재건축사업 또는 가로주택정비사업을 시행할 때 다음 각 호의 어느 하나에 해당하는 자의 토지 또는 건축물에 대하여는 <u>「집합건물의 소유 및 관리에 관한 법률」 제48조의 규정을 준용</u>하여 매도청구를 할 수 있다. 이 경우 재건축결의는 조합 설립에 대한 동의(제3호의 경우에는 사업시행자 지정에 대한 동의를 말한다)로 보며, 구분소유권 및 대지사용권은 사업시행구역의 매도청구의 대상이 되는 토지 또는 건축물의 소유권과 그 밖의 권리로 본다.
1. 제16조제2항 및 제3항에 따른 조합 설립의 동의를 하지 아니한 자
2. 건축물 또는 토지만 소유한 자(주택재건축사업의 경우만 해당한다)
3. 제8조제4항에 따라 시장·군수, 주택공사등 또는 신탁업자의 사업시행자 지정에 동의를 하지 아니한 자

현행 도정법 제64조(재건축사업에서의 매도청구) ① 재건축사업의 사업시행자는 사업시행계획인가의 고시가 있은 날부터 30일 이내에 다음 각 호의 자에게 조합설립 또는 사업시행자의 지정에 관한 동의 여부를 회답할 것을 서면으로 촉구하여야 한다.
 1. 제35조제3항부터 제5항까지에 따른 조합설립에 동의하지 아니한 자
 2. 제26조제1항 및 제27조제1항에 따라 시장·군수등, 토지주택공사등 또는 신탁업자의 사업시행자 지정에 동의하지 아니한 자

판례해설

2017. 2. 8. 도시정비법이 전면 개정되면서 2018. 2. 9.부터 시행되었고, 개정 도정법은 2018. 2. 9. 이후 최초로 조합설립인가를 신청하거나 사업시행자를 지정한 경우부터 적용된다. **대상판결은 개정 전 구 도정법이 적용되는 경우를 전제로 한 법리**이다. 다만 **현재 집합건물법 제48조는 여전히 유효하게 존재하기 때문에 본 법리는 여전히 중요**하다.

2018. 2. 8. 이전 조합설립인가를 신청하거나 사업시행자를 지정한 경우에는 집합건물법 제48조 제1항을 준용하도록 한 구 도정법이 적용되고, 대상판결은 집합건물법 제48조 제1항 소정의 "지체없이"의 의미에 관하여 판시하고 있다.

대법원은 "지체없이"의 의미는 재건축결의가 이루어진 후 즉시 최고를 하여야 한다는 의미가 아니라, **재건축사업의 진행 정도에 비추어 적절한 시점에 최고가 이루어져야 한다**는 의미라고 판시하여, 위 규정을 재건축 사업의 실정을 고려하여 다소 완화하여 해석하였다.

법원판단

원심판결 이유에 의하면, 원심은, 2004. 7. 3. 재건축결의의 요건이 갖추어졌다고 하더라도 그로부터 **약 5개월 후인 2004. 12. 1. 이루어진 최고는 지체된 것으로서 무효**라는 취지의 피고들의 주장에 대하여, **집합건물법 제48조 제1항에서 "재건축결의에 찬성하지 아니한 구분소유자**

에 대하여 재건축에의 참가 여부를 회답할 것을 지체 없이 최고"하도록 규정한 것은 재건축결의가 이루어진 후 즉시 최고를 하여야 한다는 의미가 아니라, 재건축사업의 진행 정도에 비추어 적절한 시점에 최고가 이루어져야 한다는 의미라 할 것인바, 원고 조합은 2004. 7. 3.자 조합설립변경인가 이후인 2004. 10. 25.에도 구분소유자 25명이 추가로 동의함으로써 조합설립변경인가를 받는 등 구분소유자들의 추가 동의로 인하여 수시로 조합원을 새로이 확정하여야 하는 상황에 있었던 점 등에 비추어 원고 조합이 2004. 12. 1.경 한 최고는 지체 없이 이루어진 **최고라고 보아야 한다**는 이유로 위 주장을 배척하였는바, 기록에 비추어 살펴보면, 원심의 위와 같은 판단은 수긍이 가고, 거기에 상고이유의 주장과 같은 법리오해 등의 위법이 없다.

[재건축조합/ 매도청구권 행사/ 요건불비] 당초 매도청구권 행사가 부적법하였다면 그 이후 법률의 변경 등으로 인한 사정변경이 있다고 하더라도 소급해서 유효로 되지 않는다(대법원 2011. 5. 13. 선고 2009다54843 판결)

> **판례해설**
>
> 매도청구는 조합설립인가를 받고 조합설립등기를 마침으로써 비로소 일정한 요건하에 할 수 있는데, 매도청구 당시에는 다소 부적법하다고 하더라도 추후 조합설립변경인가처분을 받으면 소급적으로 유효하게 만들 수 있는지 문제가 되었다.

즉 대상판결에서는 조합설립인가처분 이후 사업시행구역이 확대되어 이에 변경인가처분을 신청하고 조합설립변경인가를 받았는바, **다만 변경인가처분 이전에 당초 사업시행구역에 포함되어 있지 않은 토지등소유자에 대하여 매도청구권을 행사하는 소를 제기하였던 것**이다.

이에 법원은 사업시행구역의 확대로 인하여 새로 사업시행구역 안에 포함된 토지에 관하여는 조합설립변경인가처분을 받기 전에 매도청구권을 행사할 수 없고, <u>소송 중에 변경인가처분을 받았다고 하더라도 해당 소송이 적법해지지 않는다</u>고 판시하였다.

생각건대 매도청구권의 법적 성질이 형성권이라는 점을 고려한다면 이는 추인될 수 있는 성질이 아니고, 결국 소 제기 당시에 이미 적법성이 인정되어야 가능할 뿐 변론 종결 당시를 기준으로 매도청구권의 요건을 충족여부를 판단하는 것은 잘못된 것으로 보이는바, 대상판결은 매도청구권의 엄격한 성립요건 등에 비추어 지극히 타당한 판결이라고 보인다.

법원판단

1. 구 도시 및 주거환경정비법(2009. 2. 6. 법률 제9444호로 개정되기 전의 것, 이하 '구 도시정비법'이라 한다) 제39조는 "사업시행자가 매도청구를 할 수 있다"고 규정하고, 같은 법 제2조 제8호는 "사업시행자라 함은 정비사업을 시행하는 자를 말한다"고 규정하고, 같은 법 제18조 제2항은 "조합은 조합 설립의 인가를 받은 날부터 30일 이내에 주된 사무소의 소재지에서 대통령령이 정하는 사항을 등기함으로써 성립한

다"고 규정하고 있으므로, **주택재건축사업을 시행하는 주택재건축정비사업조합은 조합설립등기를 마침으로써 성립하고 그때로부터 매도청구를 할 수 있다**고 할 것이다(대법원 2008. 2. 29. 선고 2006다56572 판결 참조).

한편, 구 도시정비법 제39조는 "사업시행자는 주택재건축사업을 시행함에 있어 제16조 제2항 및 제3항의 규정에 의한 조합 설립의 동의를 하지 아니한 자(건축물 또는 토지만 소유한 자를 포함한다)의 토지 및 건축물에 대하여는 집합건물법 제48조의 규정을 준용하여 매도청구를 할 수 있다. 이 경우 재건축결의는 조합 설립의 동의로 보며, 구분소유권 및 대지사용권은 사업시행구역 안의 매도청구의 대상이 되는 토지 또는 건축물의 소유권과 그 밖의 권리로 본다"고 규정하여 매도청구의 대상이 되는 토지는 그 매도청구 당시 사업시행구역 안에 있는 토지에 한함을 분명히 하고 있고, 구 도시 및 주거환경정비법 제16조 제2항, 제3항은 주택재건축사업의 추진위원회가 조합을 설립하고자 하는 때에는 주택단지 안의 구분소유자 및 의결권의 일정 비율 이상의 동의와 주택단지가 아닌 지역으로서 정비구역에 포함된 지역 안의 토지 또는 건축물 소유자의 일정 비율 이상의 동의를 얻어 시장·군수의 인가를 받아야 하며, 인가받은 사항을 변경하고자 하는 때에도 그와 동일한 절차를 거치도록 규정하고 있으므로, **구 도시정비법에 따른 등기를 마친 주택재건축정비사업조합이 주택재건축사업을 시행하는 도중에 사업시행구역을 확대하고 그로 인하여 새로 사업시행구역 안에 포함되게 된 토**

지에 관하여 매도청구권을 행사하기 위해서는 먼저 사업시행구역의 확대에 관하여 구 도시정비법 제16조 제2항, 제3항에 의한 동의권자의 동의와 조합설립변경인가를 받아야 하고, 그 인가를 받은 때 비로소 매도청구를 할 수 있다고 보아야 한다.

원심판결 이유에 의하더라도, 이 사건 토지는 당초에는 정비구역에 포함되어 있지 않았다가 2006. 1. 16. 이 사건 정비구역의 지정으로 비로소 정비구역에 포함되었다는 것이고, 원고는 2006. 3. 15. 피고에게 협의매수 참가 여부에 관한 최고서를 발송한 후 피고가 최고서 수령일로부터 2개월이 경과하도록 재건축사업에 동의하지 아니하였음을 이유로 2006. 6. 16. 이 사건 소를 제기하였다는 것이며, 한편, 기록에 의하면, **원고는 이 사건 정비구역의 지정에 따라 종전보다 확대된 사업시행구역에 관하여 2006. 6. 22. 광명시장에게 조합설립변경인가신청을 하여 같은 달 27. 인가처분을 받은 사실**을 알 수 있다(기록 1001면-1002면. 원심은 원고가 2006. 1.경 조합설립변경인가를 신청하였다고 설시하였으나, 기록상 그와 같이 인정할 근거는 보이지 아니한다).

사실관계가 이와 같다면, **원고의 이 사건 매도청구는 이 사건 토지를 사업시행구역안의 토지로 포함시키는 조합설립변경인가처분이 있기도 전에 이루어진 것으로서 매도 청구의 대상이 될 수 없는 토지에 대하여 매도청구를 한 셈이 되어 적법한 매도청구로서의 요건을 갖추지 못한 것이어서 효력이 없다고 할 것이고**, 그 후 이 사건 소송 중에 이 사건 토지를 사업시행구역안의 토지로 포함시키는 조합설립변경인가처분이 있었다고 하더라도 위 효력이 없는 매도청구가 소급하여 유효하게 된다고 볼 수는 없다.

그럼에도 원심은 이 사건 매도청구의 전제가 되는 조합설립변경인가처분이 매도청구에 앞서 있었는지 여부에 관하여 살펴보지도 아니한 채 그 판시와 같은 이유만으로 원고의 이 사건 토지에 대한 매도청구권 행사가 적법하다고 판단하였으니, 이러한 원심판결에는 매도청구권의 행사요건에 관한 법리를 오해하거나 증거 없이 사실을 인정한 잘못이 있다.

[매도청구권 행사기간/ 최고기간/ 회답여부] 토지등소유자가 재건축 참가 여부 최고에 대하여 조합측에 결의 내용에 대한 해명을 요구하며 회답을 유보하였더라도, 당초 최고 시점을 기준으로 매도청구권의 행사기간이 산정된다(대법원 2002. 9. 24. 선고 2000다22812 판결)

판례해설

재건축조합의 매도청구에 관하여 도정법상 <u>최고기간, 회답기간, 매도청구 행사 기간</u>을 정한 이유는 매도청구권은 형성권으로서 재건축 조합의 의사표시로 매매계약의 성립이 강제되므로 재건축에 참가하지 않는 소유권자의 권익을 보호하고, 아울러 재건축을 둘러싼 법률관계를 "조속히 확정"하기 위함이다.

만일 토지등 소유자가 재건축 참가 여부 최고에 대하여 재건축 결의 내용에 대한 해명을 요구하면서 참가 여부 회답을 유보하였다면 조합측의 해명이 있을 때까지 회답기간이 연장되는 것일까.

대상판결은 이러한 경우 조합측의 해명과 상관 없이 회답기간이 연장되는 것은 아니므로, 당초 재건축조합의 최고를 기준으로 법에서 정한 기간 내에 매도청구권을 행사하여야 한다고 판시하였는바 매도청구권 자체가 형성권임을 고려할 때 타당한 판결에 해당한다.

법원판단

집합건물의소유및관리에관한법률 제48조 제4항에서 재건축 참가자 또는 매수지정자가 재건축 참여 여부에 대한 최고를 한 후 같은 조 제2항의 기간 만료일로부터 2개월 이내에 재건축에 참가하지 아니한 구분소유자에 대하여 매도청구권을 행사하도록 매도청구권의 행사기간을 규정한 취지는, 매도청구권이 형성권으로서 재건축 참가자 다수의 의사에 의하여 재건축에 참가하지 아니한 구분소유자의 구분소유권에 관한 매매계약의 성립을 강제하는 것이므로, 만일 **위와 같이 행사기간을 제한하지 아니하면 매도청구의 상대방은 재건축 참가자 또는 매수지정자가 언제 매도청구를 할지 모르게 되어 그 법적 지위가 불안정하게 되는 등 재건축에 참가하지 아니한 구분소유권자의 권익을 부당하게 침해할 우려가 있는 점에 비추어 상대방의 정당한 법적 이익을 보호하고 아울**

러 재건축을 둘러싼 법률관계를 조속히 확정하기 위한 것이라고 봄이 상당하므로, 매도청구권은 행사기간 내에 이를 행사하지 아니하면 그 효력을 상실한다 (대법원 2000. 6. 27. 선고 2000다11621 판결 참조).

원심판결 이유를 기록에 비추어 살펴보면, 원심이 원고가 매도청구권의 행사기간을 준수하였는지의 여부를 판단하면서 피고들에 대하여 그 행사기간의 기산점을 1996. 5. 27.자 최고를 기준으로 하여 산정한 것은 정당하고, 거기에 최고에 관한 법리를 오해한 위법이 없다.

피고들이 원고의 1996. 5. 27.자 최고에 대하여 재건축에 참가하지 아니하는 뜻을 명시적으로 밝히지 아니한 채 재건축 결의의 내용에 대한 해명을 요구하면서 **그 해명이 있을 때까지 참가 여부에 대한 회답을 유보**하였을 뿐이라고 하더라도, 그로써 같은 법 제48조 제2항에 정한 회답기간이 원고의 해명이 있을 때까지로 연장되는 것은 아니므로, 그 회답기간이 원고의 해명시까지로 연장되는 것을 전제로 하여 1996. 11. 30.자 최고를 기준으로 매도청구권의 행사기간을 산정하여야 한다는 이 부분 상고이유는 독자적인 주장으로서 역시 받아들일 수 없다.

[재건축조합/ 주택단지 아닌 지역내의 토지 소유자/ 최고 요부] 주택단지 아닌 지역 내의 토지 또는 건물소유자에 대해서도 매도청구권 행사시 최고절차를 거쳐야한다(대법원 2010. 5. 27. 선고 2009다95516 판결).

도시정비법제35조(조합설립인가)
③ 재건축사업의 추진위원회(제31조제4항에 따라 추진위원회를 구성하지 아니하는 경우에는 토지등소유자를 말한다)가 조합을 설립하려는 때에는 주택단지의 공동주택의 각 동(복리시설의 경우에는 주택단지의 복리시설 전체를 하나의 동으로 본다)별 구분소유자의 과반수 동의(공동주택의 각 동별 구분소유자가 5 이하인 경우는 제외한다)와 주택단지의 전체 구분소유자의 4분의 3 이상 및 토지면적의 4분의 3 이상의 토지소유자의 동의를 받아 제2항 각 호의 사항을 첨부하여 시장·군수등의 인가를 받아야 한다.
④ 제3항에도 불구하고 <u>주택단지가 아닌 지역이 정비구역에 포함된 때에는 주택단지가 아닌 지역의 토지 또는 건축물 소유자의 4분의 3 이상 및 토지면적의 3분의 2 이상의 토지소유자의 동의</u>를 받아야 한다.

판례해설

대법원 2008. 2. 29. 선고 2006다56572 판결에서는 **정비구역의 주택단지 내에 토지 또는 건물만을 소유하고 있는 자는 조합원이 될 수 없으므로 매도청구 전에 조합 설립 동의 여부를 묻는 최고 절차 역시 필요 없고, 매도청구권은 사업시행계획인가 후 2개월 이내에 행사하여야 한다**는 점을 판시한 바 있다.

그렇다면 주택단지가 아닌 지역이 정비구역에 포함된 재건축사업의 경우 주택단지가 아닌 지역에 있는 토지 또는 건축물만을 소유한 자에게도 최고 절차를 거칠 필요 없을까?

대상판결은 위 2006다56572 판결과 유사한 것으로 보이지만, 대법원은 "주택단지"가 "아닌" 지역에 있는 토지 또는 건축물 소유자에 대하여 매도청구 전에 최고 절차를 거쳐야 한다고 판시하였다.

대법원은 그 근거를 도정법 조항에서 찾고 있는바 주택단지가 아닌 지역이 정비구역에 포함된 때에는 주택단지가 아닌 지역의 토지 또는 건축물 소유자의 4분의 3 이상 및 토지면적의 3분의 2 이상의 토지소유자의 동의를 받아야 하므로(현 도시정비법 제35조 제4항), 주택단지 내에 토지만 소유하고 있는 자와는 달리 최고 절차에 대하여 법률상 이해관계를 갖기 때문이라고 설시하였다.

현행 도시정비법 하에서도 동일한 법리가 적용되므로 주택단지가 아닌 지역이 정비구역에 포함된 재건축사업이라면 **매도청구를 하기 전에 주택단지가 아닌 지역에 토지 또는 건물만을 소유한 자에 대하여도 최고 절차를 누락하지 않도록 주의**하여야 한다.

결론적으로 대법원에서 인정하고 있는 최고가 필요한 자라고 함은 조합원이 될 자격을 가진 자로서 조합설립에 대한 동의 권한을 가진 자라고 할 것이다.

법원판단

가. 피고 1 등에 대하여

(1) 구 도시정비법 제19조 제1항에서는, 정비사업(시장·군수 또는 주

택공사 등이 시행하는 정비사업을 제외한다)의 조합원은 '토지 등 소유자'로 한다고 규정하고, 동법 제2조 제9호 (나)목에서는, 주택재건축사업의 경우에 '토지 등 소유자'라 함은 '(1) **정비구역 안에 소재한 건축물 및 그 부속토지의 소유자 (2) 정비구역이 아닌 구역 안에 소재한 대통령령이 정하는 주택 및 그 부속토지의 소유자와 부대·복리시설 및 그 부속토지의 소유자에 해당하는 자**'라고 규정하고 있으며, 동법 제16조 제3항에서는, 주택단지가 아닌 지역이 정비구역에 포함된 때에는 주택단지가 아닌 지역 안의 토지 또는 건축물 소유자의 5분의 4 이상 및 토지면적의 3분의 2 이상의 토지소유자의 동의를 얻어야 한다고 규정하고 있는데, **동법 제2조 제7호에서는 '주택단지'라 함은 주택 및 부대·복리시설을 건설하거나 대지로 조성되는 일단의 토지로서 대통령령이 정하는 범위에 해당하는 일단의 토지를 말한다고 규정하고 있고, 그 위임을 받은 동법 시행령 제5조는 주택법 제16조의 규정에 의한 사업계획승인을 얻어 주택과 부대·복리시설을 건설한 일단의 토지 등을 그 범위에 해당하는 일단의 토지로 규정**하고 있다.

한편 구 도시정비법 제39조에서는, 사업시행자는 주택재건축사업을 시행하면서 제16조 제2항 및 제3항의 규정에 의한 조합 설립의 동의를 하지 아니한 자(건축물 또는 토지만 소유한 자를 포함한다, 이하 같다)의 토지 및 건축물에 대하여는 집합건물의 소유 및 관리에 관한 법률(이하 '집합건물법'이라 한다) 제48조의 규정을 준용하여 매도청구를 할 수 있다고 규정하고 있고, 집합건물법 제48조 제1항에서는, 재건축의 결의가 있는 때에는 집회를 소집한 자는 지체 없이 그 결의에 찬성하지 아니한 구분소유자(그의 승계인을 포함한다)에 대하여 그 결의 내용에 따른 재건축에의 참가 여부를 회답할 것을 서면으로 최고하여야 한다고 규정하고 있다.

(2) 위 규정들을 종합하여 보면, 구 도시정비법에 의한 주택재건축사업을 시행함에 있어 주택단지 내에 토지만을 소유하고 있어 조합 설립 동의의 상대방이 되지 아니하는 경우에는 집합건물법 제48조 제1항에서 규정한 최고 절차에 대하여 법률상 이해관계를 갖지 아니하므로 이러한 자에 대한 매도청구에 있어서는 매도청구 전에 최고 절차를 거치지 않았더라도 그 매도청구가 위법하다거나 무효로 된다고 할 수 없으나 (대법원 2008. 2. 29. 선고 2006다56572 판결 참조), "**주택단지가 아닌 지역**"이 정비구역에 포함된 재건축조합이 조합 설립 인가를 받기 위해서는 구 도시정비법 제16조 제3항(현 도정법제35조4항) 에 따라 '주택단지가 아닌 지역' 안에 있는 토지 또는 건축물 소유자 등의 동의를 얻어야 하므로, 이러한 자는 '주택단지' 내에 토지만을 소유하고 있는 자와는 달리 집합건물법 제48조 제1항에서 규정한 최고 절차에 대하여도 법률상 이해관계를 갖는다고 봄이 상당하고, 따라서 재건축조합이 구 도시정비법에 따라 '주택단지가 아닌 지역' 안에 있는 토지 또는 건축물만을 소유한 자에 대하여 매도청구를 함에 있어서는 특별한 사정이 없는 한 그 매도청구 전에 집합건물법 제48조 제1항에서 정한 최고 절차를 거쳐야 할 것이다.

원심이 그 채택 증거에 의하여 인정한 사실에 의하면 피고 1 등은 이 사건 주택재건축사업상 정비구역으로 포함되어 있는 '주택단지가 아닌 지역' 안의 토지를 소유하고 있음을 알 수 있고, 이러한 경우 원심으로서는 앞서 본 법리에 따라 **원고가 피고 1 등에 대하여 집합건물법 제48조 제1항에서 정한 적법한 최고 절차를 거쳐 그 회답기간 및 매도청구권 행사기간 내에 매도청구가 있었는지를 심리하여 이 사건 소유권이전등기청구의 당부를 판단하였어야 할 것임에도, 원심은 토지 소유자인 피고 1 등에 대하여는 최고 절차를 밟을 필요가 없다고 단정한 후 원고가 조합설립등기를 마친 때로부터 2개월 내에 매도청구권을 행사하지 않았다는 이유만으로 원고 조합의 매도청구를 기각하고 말았으니,** 이러한 원심판결에는 주택건축정비사업조합의 매도청구권 행사 및 그 최고 절차에 관한 법리를 오해한 나머지 심리를 다하지 않은 위법이 있고, 이는 판결 결과에 영향을 미쳤음이 분명하다. 이 점을 지적하는 상고이유의 주장은 이유 있다.

[재건축 조합/ 매도청구권/ 최고의 요건] 재건축 조합이 매도청구권을 행사하기 위한 최고의 구체성 정도(대법원 2005. 6. 24. 선고 2003다55455 판결)

> **판례해설**
>
> 조합에서 매도청구권을 행사하기 위한 요건 중 하나는 바로 최고 후 일정

기간동안 상대방의 회신이 없어야 한다는 것이다. 그리고 이 최고는 재건축에 참여할지 여부를 결정하기 위한 것으로 중요한 절차 중의 하나이다. 당연히 **최고의 내용에는 재건축의 진행과 관련된 구체적인 내용이 삽입되어야** 할 것이고 그렇지 않으면 최고요건을 충족하지 않은 것으로 보아 매도청구권 자체가 부적법해질 수도 있다.

다만 대상판결에서는 그와 같은 최고의 요건을 다소 완화한 것인데 재건축사업의 추진과정에서 총회의 결의나 재건축에의 참여 권유 또는 종용 등을 통하여 최고의 대상자들에게 널리 알려지고, 소송의 변론과정에서도 주장이나 입증 등을 통하여 그 내용이 알려짐에 따라 재건축 참가의 기회가 충분히 부여되었다면 최고 내용이 다소 불충분하더라도 부적법하지는 않다고 판단한 것이다.

그러나 매도청구권의 성질 및 그 행사의 중요성을 고려할 경우 대상판결은 다소 납득할 수 없으며, 증명책임 분배의 원칙상 소송 중 이와 같은 내용을 입증하는 것이 쉽지 않았을 것을 고려한다면 **시행자 입장에서는 "최고"를 할 경우 최고의 내용에 신중**을 기하여야 할 것이다.

법원판단

최고방식에 관한 법리오해에 대하여 **집합건물법상 재건축결의에 찬성하지 아니하는 구분소유자에 대하여 매도청구권을 행사하기 위한 전제로서의 최고는 반드시 서면**으로 하여야 하는바(집합건물법 제48조 제1항), 이는 최고를 받은 구분소유자가 재건축결의의 구체적 사항을 검토하여 재건축에 참가할지 여부를 판단하여야 하므로 최고서에는 재건축결의사항이 구체적으로 적시되어 있어야 하나, 다만 **그러한 사항들이 재건축사업의 추진과정에서 총회의 결의나 재건축에의 참여 권유 또는 종용 등을 통하여 최고의 대상자들에게 널리 알려지고, 소송의 변론과정에서도 주장이나 입증 등을 통하여 그 내용이 알려짐에 따라 재건축 참가의 기회가 충분히 부여되었다면 그 참가 최고는 적법하다고 할 것이다**(대법원 1999. 8. 20. 선고 98다17572 판결 참조). 기록에 의하면, 피고 등은 막연히 재건축 자체를 반대하는 것이 아니라 분리재건축보다는 통합재건축이 유리하다고 판단하여 분리재건축에 반대하는 것으로서, 분리재건축을 추진하는 이 사건 재건축의 내용을 충분히 알고 있다고 보여질 뿐만 아니라, 그렇지 않더라도 원고 조합이 2000. 10. 13. 동대문구청장으로부터 사업계획승인을 받기 전에 이 사건 소장부본 등을 **송달**받음으로써 재건축의 내용을 소상히 알게 되어 위 사업계획승인시까지 재건축에 참가할 수 있는 기회가 충분히 부여되었다고도 보여진다.

[재건축조합/ 매도청구권 행사/ 소제기 동시 최고] 재건축조합이 조합설립에 동의하지 않는 자에게 최고와 매도청구권 행사를 위한 소 제기를 동시에 하였을 경우 적법한지 여부(대법원 2010. 7. 15 선고 2009다63380 판결)

판례해설

매도청구권을 행사하기 위해서는 **조합원에 대하여 재건축에 참가할지 여부를 결정할 수 있는 시간을 주어야 하고 그 제도가 바로 "최고"**이다. 그리고 최고 후 2달의 숙려기간이 도과한 이후에 비로소 매도청구권을 행사할 수 있다.

대상판결은 **매도청구소송 중 최고를 한 경우에 소송 진행 중 숙려기간 도과 요건을 갖추었다면 매도청구권 행사가 적법한지 여부**가 문제되었다.

대상판결과 비교할 만한 판례는 **대법원 2009다54843 판결**로서, 이 비교판례는 소제기 당시 매도청구의 요건을 갖추지 못한 상태에서 소송 진행 중 변경인가처분이 되었을 경우 과연 소 제기가 소급하여 적법한지가 문제되었던 것인데, 대법원은 위와 같은 경우 위 소제기가 적법하지 않다고 판시함으로써 소급효를 인정하지 않았다.

그러나 대상판결은 최고의 경우에는 매도청구권의 하나의 요건에 해당하는 점, 최고 자체는 단순히 사업에 참여할지 여부를 확인하는 "절차적 요건"에 불과한 점을 고려하여, 소 진행 중 최고하고 회답기간이 경과하면 그 경과일 다음날을 매매계약 성립일로 보아 적법하다고 판단하였다.

결국 대상판결 이후 조합의 입장에서는 소 진행을 조속하게 하기 위한 방편으로 소제기와 동시에 최고를 진행하고 있는 실정이다.

법원판단

원심판결 이유에 의하면 원심은, **집합건물법 제48조가 재건축 참가 여부에 대한 회답을 최고받은 구분소유자에 대하여 2개월의 회답기간을 부여하면서 그 기간이 경과한 후에야 비로소 그에 대하여 매도청구권을 행사할 수 있도록 규정한 취지는 재건축에 참가하지 아니한 구분소유자에게 숙려의 기회를 부여함으로써 그를 보호하고자 하는 데 있다**고 전제한 다음, ① 원고 조합은 이 사건 소 제기 당시 매도청구권을 행사하며 소장 부본에 이 사건 최고서를 첨부하였던 점, ② **피고가 답변서에서 원고 조합으로부터 2006. 5.과 2006. 6. 무렵의 이 사건 최고서를 받은 사실이 없다고 다투자, 원고 조합은 이에 대한 준비서면을 제출하면서 다시 이 사건 최고서를 첨부한 점**, ③ 원고 조합은 제1심 소송 계속중 "매도청구권을 행사하는 방식에는 아무런 제한이 없는바, 피고에게 매도청구권을 행사하는 이 사건 소장 부본과 이 사건 최고서가 피고에게 동시에 송달되었으므로, 피고가 이 사건 소장 부본을 수령한 이후 회답기간이 경과한 다음날 매도청구권을 행사한 것이고, 이후 원고 조합이 청구취지를 변경한 것은 이와 같은 취지를 분명히 한 것에 불과하다"고 진술하는 점, ④ **이 사건 최고서에는 집합건물법 제48조 제2항의 기간 만료일 익일자를 기준으로 매도청구를 한다는 취지가 명시되어 있는 점**, ⑤ 제척기간이 도과되었다고 하여 매도청구권이 종국적으로 소멸하는 것은 아니고 다시 재건축결의 등 절차를 밟아 매도청구권의 행사를 다시 할 수 있는 것이므로, 이미 재건축결의에 필요한 정족수를 넘긴 이 사건에서 구태여 그러한 번거로운 절차를 다시 밟게 함으로써 절차 지연에 따른 법률관계의 불안정성을 초래할 필요가 없는 점 등의 제반 사정을 종합하면, 원고 조합이 이 사건 최고서를 첨부한 이 사건 소장 부본의 송달로써 피고에게 매도청구권에 관한 최고를 한 이상, **이는 피고가 최고기간 내에 이 사건 재건축사업에 불참가할 것을 정지조건으로, 회답기간 만료 다음날 매도청구권을 행사한 것과 동일한 효과가 발생하였다고 볼 수 있으므로, 결국 이 사건 소장 부본 송달 이후 도래한 회답기간 경과일 다음날을 매매계약 성립일로 볼 수 있다고** 판단하였는바, 기록에 비추어 살펴보면 원심의 이러한 사실인정과 판단은 정당한 것으로 수긍할 수 있고, 거기에 상고이유에서 주장하는 바와 같은 매도청구권 행사기간에 관한 법리오해 등의 위법이 없다. 이 부분 상고이유에서 들고 있는 대법원 판결은 사안이 달라 이 사건에 적용하기에 적절한 것이 아니다.

[재건축 조합/ 매도청구권/ 최고 도달] 탈퇴 조합원에 대한 매도청구권 행사 중 특이한 사례(대법원 2000. 10. 27. 선고 2000다20052 판결)

판례해설

대상판결은 결국 매도청구권의 기산점으로 귀결되는 법리이다.

재건축 조합원의 임의 탈퇴 가능여부는 조합설립인가 전후로 다르다. 재건축조합이 아직 설립인가를 받지 아니하였거나 재건축에 동의한 자를 조합원으로 포함하는 변경인가를 받지 아니한 경우에는 조합 규약에 조합원의 탈퇴를 불허하는 규정이 없는 한 조합원은 자유롭게 탈퇴할 수 있다.

더 나아가 탈퇴에 대한 내용증명을 보내고 반송되지 아니하였다면 그 즈음 송달되었다고 볼 수 있다. 탈퇴나 제명의 경우에는 매도청구권 행사를 위한 최고절차가 필요없기 때문에 그와 같은 내용증명이 도달한 시기를 기준으로 조합의 매도청구권의 행사기간이 산정되어야 할 것이다.

법원판단

재건축조합을 탈퇴한다는 의사표시가 기재된 내용증명 우편물이 발송되고 달리 반송되지 아니하였다면 특별한 사정이 없는 한 이는 그 무렵에 송달되었다고 봄이 상당하다고 할 것인바(대법원 1980. 1. 15. 선고 79다1498 판결, 1997. 2. 25. 선고 96다38322 판결 등 참조), 위와 같은 법리와 기록에 비추어 살펴보면, 원심이 피고들이 그 판시 무렵에 원고 조합에 각 탈퇴서를 제출하여 그것이 그 무렵 각 도달되었다는 취지로 판단한 것은 수긍이 가고, 거기에 상고이유에서 지적하는 바와 같은 채증법칙 위배로 인한 사실오인이나 의사표시의 도달에 관한 법리오해의 위법이 없다.

원심판결 이유에 의하면, 원심은 재건축조합이 아직 설립인가를 받지 아니하였거나 재건축에 동의한 자가 아직 조합원으로 포함되어 변경인가를 받지 아니한 때에는 달리 조합의 규약 등에 조합원의 탈퇴를 불허하는 규정이 있다는 등의 특별한 사정이 없는 한 조합원은 자유로이 조합을 탈퇴할 수 있다고 한 다음, 피고들은 원고 조합이 피고들을 조합원에 포함시켜 변경인가를 받기 전에 먼저 원고 조합에 대하여 탈퇴의 의사를 표시하였으므로 피고들은 원고 조합의 조합원이라고 볼 수 없다고 판단하고 있는바, 기록에 비추어 살펴보면 원심의 위와 같은 판단은 수긍이 가고, 거기에 재건축조합의 탈퇴에 관한 법리를 오해한 위법이 없다. 상고이유에서 들고 있는 대법원판결은 이 사건과는 사안을 달리하는 것이어서 원용하기에 적절하지 아니하다.

[재건축결의/ 매도청구권/ 행사기간도과/ 재결의] 조합은 매도청구권의 행사기간이 도과되었어도 조합설립변경인가 등 절차를 밟아 새로운 매도청구권 행사할 수 있다(대법원 2009. 1. 15. 선고 2008다40991 판결)

> **판례해설**
>
> 위에서 살펴본 바와 같이 매도청구권은 형성권으로서 그 기간이 도과하면 더 이상 행사할 수 없다. 만약 조합에서 매도청구권을 행사하지 못한다면 사업부지의 토지 등에 대하여 소유권을 취득할 수 없고 결국 사업이 원활하게 진행되지 않음을 의미한다.
>
> 다만 대상판결은 제척기간이 도과하였다고 하여 매도청구권이 종국적으로 소멸하는 것은 아니고, 재건축 참가자 등은 다시 조합설립변경동의 및 조합설립변경인가 등의 절차를 밟아 새로운 매도청구권을 행사할 수 있다고

판시하였는 바, 가급적 매도청구권이 도과되지 않도록 유의하여야 하고 부득이한 사정으로 도과되었다면 본 법리를 통하여 재차 절차를 진행할 수 밖에 없음을 유념하자. 대상 판결은 이러한 경우에 알아두면 좋을 판례이다.

법원판단

집합건물법 제48조 소정의 매도청구권의 행사기간이 도과되었다고 하더라도 재건축참가자 등은 다시 재건축결의 및 그에 기한 최고를 한 다음 새로운 매도청구권을 행사할 수 있다(대법원 2003. 5. 27. 선고 2002다14532, 14549 판결 참조).

원심판결 이유에 의하면, 원심은 이 사건 아파트 및 연립주택 등에 대해서는 2003. 6. 30. 재건축결의가 유효하게 성립되었고, 이에 기하여 원고 조합이 2003. 7. 15. 이 사건 아파트 및 연립주택의 구분소유자들 중 재건축결의에 찬성하지 않은 피고들에 대하여 최고를 하고 그로부터 2달 이내에 회답을 받지 못하였으므로, 원고 조합의 매도청구권은 2003. 11. 15.경 그 행사기간이 만료되었다는 취지의 위 피고들의 주장에 대하여, 2003. 7. 15.자 최고는 재건축결의사항이 구체적으로 적시되지 아니하였고, 그 당시 구체적인 재건축결의사항들이 재건축사업의 추진과정에서 총회의 결의나 재건축에의 참여 권유 또는 종용 등을 통하여 위 피고들에게 널리 알려져 재건축 참가의 기회가 충분히 부여되었다는 점을 인정할 증거가 없으므로 부적법하고, 따라서 2004. 12. 1.자 최고가 적법하다고 판단하였다.

이에 대한 상고이유의 주장은 원고 조합이 2003. 7. 15.자 최고에 관하여 원심의 판단과 같은 적법성에 관한 주장을 한 바 없고, 2003. 7. 15.자 최고서에도 2004. 12. 1.자 최고서에 첨부된 것과 같은 '재건축결의 및 사업계획, 규약 및 조합장 선출에 대한 동의서'가 첨부되어 있었으며, 실제 위 피고들은 재건축사업의 추진과정에서 총회의 결의나 재건축에의 참여 권유 등을 통하여 구체적인 재건축사항을 잘 알고 있었음에도, 원심이 위와 같이 판단한 것은 변론주의를 위반한 것이거나, 사실을 오인한 것이라는 취지이다.

그러나 앞서 본 법리와 원심이 확정한 사실관계에 의하면, **원고 조합은 2004. 5. 29. 정기총회에서 재건축 사업시행구역의 범위에 OO시 OO구 OO동 대지를 추가하기로 결의하고 2004. 7. 3.까지 서면결의의 방법으로 재건축결의를 하였는바, 이는 위 피고들 주장의 2003. 6. 30.경의 재건축결의와는 별개의 것으로 봄이 상당하고, 원심이 인용한 원고의 청구원인 역시 2004. 7. 3.경의 새로운 재건축결의와 이에 기한 2004. 12. 1.자 최고에 대하여 피고들이 회답하지 않았다는 것으로서 피고들이 주장하는 2003. 7. 15.자 최고의 적법성에 관한 판단이 이 사건 판결결과에 영향을 미칠 수는 없으므로**, 상고이유의 주장은 받아들일 수 없다.

[매도청구권/ 조합원의 제명/ 매도청구권 행사] 탈퇴 조합원이 이미 조합 앞으로 신탁에 의한 소유권이전등기를 마친 상태라면 굳이 매도청구권을 행사할 필요는 없다(대법원 2013. 11. 28. 선고 2012다110477,110484 판결)

> **판례해설**
>
> 재건축조합에서의 매도청구권 행사는 소유권을 이전받기 위한 절차이므로 이미 소유권이 조합으로 이전되어 있거나 사실상 이전되어 있는 경우 매도청구권 행사는 무용한 절차로서 새로이 행사할 필요도 없고 행사하지 않았다고 하더라도 위법하다고 볼 수 없다.
>
> 대상판결에서도 조합설립에 동의한 이후 후발적으로 조합원 지위를 상실함으로써 현금청산자가 되었지만 그 소유권은 신탁등기를 거쳐 조합에 이미 귀속되어 있는 경우 불필요한 매도청구권 절차를 진행할 필요가 없다고 판시한 것이다.

법원판단

가. 주택 재건축사업의 사업시행자인 재건축조합의 설립에 대한 토지등소유자의 동의(이하 '조합설립결의'라고 한다)는 조합설립인가처분을 하는 데 필요한 절차적 요건 중 하나에 불과하므로, **조합설립결의에 하자가 있더라도 조합설립인가처분이 취소되거나 당연무효가 아닌 한 재**

건축조합은 여전히 사업시행자의 지위를 가진다. 따라서 재건축조합이 조합설립인가 전의 조합설립결의에 하자가 있다는 주장에 대비하여 당초 결의를 보완하는 취지의 새로운 재건축결의를 하는 과정에서 당초 조합설립에 동의하였던 토지등소유자들이 새로운 재건축결의에 동의하지 아니하였다고 하더라도 그러한 사정만으로 그 토지등소유자들이 '조합설립에 동의하지 아니한 자'에 해당하게 된다거나 조합원의 지위를 상실한다고 볼 것은 아니다(대법원 2011. 1. 13. 선고 2010다57824 판결 참조). 다만 조합원이 분양신청을 하지 아니하거나 철회하는 경우에는 조합원의 지위를 상실함으로써 현금청산 대상자가 되는데(대법원 2010. 8. 19. 선고 2009다81203 판결 참조), **조합원이 재건축조합에서 제명되거나 탈퇴하는 등 후발적인 사정으로 그 지위를 상실하는 경우에도 처음부터 분양신청을 하지 아니하거나 철회하는 경우와 마찬가지로 현금청산 대상자가 된다.**

한편 도시 및 주거환경정비법(이하 '도시정비법'이라 한다) 제18조 제1항은 '조합은 법인으로 한다'라고 하고, 제27조는 '조합에 관하여는 이 법에 규정된 것을 제외하고는 민법 중 사단법인에 관한 규정을 준용한다'라고 규정하고 있는데, 민법은 사단법인의 구성원인 사원의 권리와 의무에 관하여 제56조에서 '사단법인의 사원의 지위는 양도 또는 상속할 수 없다'라고 규정하고 있을 뿐이므로, 나머지 사항에 관하여는 원칙적으로 사단법인의 정관에 의하여 규율된다. 따라서 **재건축조합이 조합원 지위를 상실한 토지등소유자를 상대로 그가 출자한 재산에 관한 청**

산절차를 이행하여야 하는 경우에도 도시정비법에서 정한 것을 제외하고는 조합 정관에 따라 해석하여야 한다.

그리고 도시정비법 제47조에서 재건축조합이 분양신청을 하지 아니하거나 철회한 토지등소유자를 상대로 그가 출자한 토지 등에 대하여 현금으로 청산하도록 규정한 취지는, 조합원이 조합 정관에 따라 현물 출자의무를 이행한 후 조합원 지위를 상실함으로써 청산을 하여야 하는 경우에 그가 출자한 현물의 반환을 인정하지 아니하고 현금으로 지급하도록 정한 것으로 보아야 한다. 이는 **조합원이 그 소유의 토지 등에 관하여 재건축조합 앞으로 신탁을 원인으로 한 소유권이전등기를 마친 후 조합원의 지위를 상실함으로써 신탁관계가 그 목적 달성 불능을 이유로 종료된 경우에도 달리 볼 것은 아니므로, 재건축조합은 위 토지 등의 소유권을 취득하기 위하여 도시정비법 제39조를 준용하여 새로이 매도청구권을 행사할 필요가 없다.**

따라서 도시정비법 제47조에 따라 재건축조합이 조합원의 지위를 상실한 토지등소유자에게 청산금 지급의무를 부담하는 경우에, 공평의 원칙상 토지등소유자는 권리제한등기가 없는 상태로 토지 등의 소유권을 재건축조합에 이전할 의무를 부담하고, 이러한 권리제한등기 없는 소유권 이전의무와 재건축조합의 청산금 지급의무는 동시이행관계에 있는 것이 원칙이나, 토지등소유자가 그 소유의 토지 등에 관하여 이미 재건축조합 앞으로 신탁을 원인으로 한 소유권이전등기를 마친 경우에는 청산금을 받기 위하여 별도로 소유권을 이전할 의무를 부담하지 아니하고(대법원 2008. 10. 9. 선고 2008다37780 판결 참조), 조합원이 조합원 지위를 상실함으로써 신탁관계가 그 목적 달성 불능을 이유로 종료된 경우 신탁재산이었던 부동산은 당연히 재건축조합에 귀속되므로 재건축조합이 먼저 토지등소유자에게 신탁등기의 말소등기와 신탁재산의 귀속을 원인으로 한 소유권이전등기를 한 뒤 다시 토지등소유자가 재건축조합 앞으로 청산을 원인으로 하는 소유권이전등기를 하는 절차를 밟을 필요는 없다(대법원 2010. 9. 9. 선고 2010다19204 판결 참조).

[재건축 조합/ 분양계약 체결 지연/ 신의칙 위반] 매도청구권 행사로 인한 소유권이전등기 청구가 신의칙 위반이라는 이유로 받아들여지지 않은 사례(서울서부지방법원 2015가합3373 판결)

> **판례해설**
>
> 조합원이 분양신청 기간 내에 분양신청을 하지 않거나 분양신청을 철회하였다면 분양신청기간 만료시를 기준으로 현금청산자로 분류되지만 그렇지 않고 분양신청 기간내에 분양신청을 한 이후 분양 신청을 철회하였다면 분양계약기간 종료시에 현금청산 대상자가 되어 그 시기를 기준으로 매도가격이 결정된다.
>
> 문제는 분양신청 종료 이후 조합이 분양계약 기간을 지정하지 않는 경우 분양신청을 임의로 철회한다고 해도 현금청산자로 될 수 없으므로 결국 조합의 계약기간 지정이 중요함에도 이를 지정하지 않는 경우이다. 대상판례

는 **조합이 만연히 이를 미루고 있다가 조합에게 유리한 시기에 소유권이전 등기청구권을 행사하는 조합의 행태는 신의칙에 반한다**는 특이한 결론을 내리고 있다.

즉 현금청산자로 결정된 시기를 기준으로 현금청산 금액이 결정되는데, 조합이 이를 임의로 미루고 있었고 더불어 조합원은 지속적으로 지정을 요청하였음에도 이를 묵살하였던바, 법원이 보기에도 다소 이해가 되지 않은 조합으로 판단하였던 것이다.

특이한 판례이지만 조합의 입장에서는 유의할 판례에 해당한다.

법원판단

1. 피고의 항변

피고는 **분양신청 철회의사를 밝히고 분양계약 체결기간을 조속히 지정해 줄 것을 요청하였으나 원고는 1, 2차 관리처분계획인가가 된 이후에도 정당한 이유 없이 분양계약체결 절차를 거치지 않고 분양계약 체결을 미루고 있다.** 이와 같이 원고가 분양계약 체결절차를 진행하지 않고 이 사건 부동산의 소유권이전등기와 인도를 구하는 것은 피고의 신뢰를 침해하는 것으로 정의와 공평의 원칙 및 신의칙에 반한다.

2. 판단

(1) 도시정비법은 제46조 제2항의 분양신청으로 분양관계가 성립되는 것으로 보고 별도의 분양계약 체결절차를 예정하지 않고 있으나, 주택 재건축정비사업 조합 표준정관(국토교통부 2006. 8. 25. 개정) 제44조 제5항은 "조합원은 관리처분계획인가 후 ◦일 이내에 분양계약체결을 하여야 하며 분양계약체결을 하지 않는 경우 그 해당하게 된 날부터 150일 이내에 건축물 또는 그 밖의 권리에 대하여 현금으로 청산한다. 그 금액은 시장·군수가 추천하는 감정평가업자 2 이상이 평가한 금액을 산술평균하여 산정한다.

(2) 따라서 일반적으로 정관에서 표준정관과 같은 분양계약체결절차를 규정한 경우, 조합은 조합원들로부터 도시정비법 제46조에 따른 분양신청을 받아 이를 토대로 관리처분계획을 수립하여 인가를 받고, 동·호수 추첨 등에 의하여 분양대상 주택과 분양 일정이 확정되면 조합원을 상대로 다시 분양대상 주택에 대한 분양계약을 체결 하는 절차를 거친다.

(3) 이에 반하여 원고의 정관 제44조는 원고가 관리처분계획인가 후 분양계약 체결기간을 통지하면 조합원은 그로부터 30일 이내에 분양계약체결을 하지 않으면 분양신청을 하지 않거나 분양신청을 철회한 자와 마찬가지로 현금청산절차를 거친다고 규정할 뿐(제44조 제5

항, 제4항), 원고가 관리처분계획인가 후 얼마의 기간 내에 분양계약 체결절차를 밟고 분양계약체결기간을 통지해야 하는지에 관하여 규정하지 않고 있다.

또한 원고는 2012. 8. 14. 1차 관리처분계획이 인가되고 2014. 8. 27. 2차 관리처분계획이 인가된 후 1년 3개월가량이 지난 이 사건 변론종결일 현재까지 분양계약체결절차를 밟지 않고 있다.

(4) 피고는 2014. 12. 18.경 원고에게 분양신청기간을 재지정하거나 분양계약체결기간을 조속히 지정할 것을 요청하며 분양신청을 철회하고 현금청산자가 될 의사를 표시하였다.

(5) 원고 정관 제44조와 같이 조합이 관리처분계획인가 이후 언제든지 분양계약체결기간을 정할 수 있다고 규정하는 경우, 분양신청기간 동안 분양신청을 한 조합원은 그 이후 조합이 고지하는 분양계약체결의 종기까지 이를 체결하지 아니하는 수동적인 방법으로 현금청산자가 될 수 있을 뿐 스스로 분양을 철회하는 방법으로 현금청산자가 될 수는 없으므로(대법원 2012. 5. 9. 선고 2010다71141 판결 참조) 조합원들로서는 조합이 분양계약체결기간을 언제로 정할지 몰라 불안정한 지위에 놓이게 된다. 한편 조합으로서는 매수대상인 부동산의 시가가 가장 낮아지는 시기를 임의로 분양계약체결기간으로 정할 수 있게 되어 조합원들의 권익을 침해할 우려가 있다.{이는 도시정비법 제39조, 집합

건물의 소유 및 관리에 관한 법률 제48조 제4항에서 비조합원에 대한 매도청구권의 행사기간을 제한한 취지(대법원 2013. 2. 29. 선고 2012나 111531 판결 등 참조)와 동일하다.}

(6) 피고가 원고에게 이 사건 부동산의 인도 및 이전등기를 하기 전에 원고가 정관에 따른 분양계약체결절차를 진행하고 피고가 분양계약을 체결하지 않아 현금청산자가 되는 경우, 도시정비법 제39조가 준용되어 피고의 이 사건 각 부동산에 대한 신탁을 원인으로 한 소유권이전등기 및 인도의무와 원고의 청산금 지급의무는 동시이행관계에 있게 된다. 이때 **청산금은 개발이익이 반영된 가격으로 산정**하여야 한다.

(7) 반면에 원고가 피고로부터 이 사건 부동산의 인도 및 신탁등기를 받은 후 정관에 다른 분양계약체결절차를 진행하는 경우 피고는 결과적으로 장래에 현금청산자가 될 지위에 있었고 이를 객관적으로 예상할 수 있었음에도 청산금을 지급받기 전에 원고에게 청산금 지급과 동시이행관계에 있는 인도 및 신탁등기의무를 선이행하도록 강제하는 결과가 된다. 또한 원고가 도시정비법에 따라 이 사건 각 부동산을 인도받아 철거를 한 후에는 피고가 추후에 현금청산자가 된다 하더라도 시가감정 등을 통하여 부동산에 대한 청산금을 산정하기 어렵게 된다. 이와 같이 분양계약체결기간이 부동산 인도 및 철거의 이전인지 여부에 따라 피고의 법적지위에 큰 영향이 있게 된다.

(8) 또한 위 정관규정과 같이 조합이 관리처분계획인가 이후 언제든지 분양계약체결기간을 정할 수 있도록 한 경우, 조합의 입장에서는 청산금 상당액의 지출이 예상되는 분양계약체결 절차를 신속히 진행할 특별한 유인 동기가 없어 분양계약체결 절차를 미루게 될 가능성이 크므로, 이는 재건축사업에 동의하지 않는 사람에 대한 보상과 신속한 재건축사업의 추진을 공평의 관점에서 조화시키려는 표준정관 제44조 제5항의 취지와 부합하지도 않는다.

(9) 원고에게 2차 사업시행계획인가 이후 다시 사업시행계획을 변경할 필요성이 있다거나 달리 분양계약체결절차를 진행하지 못할 특별한 이유가 있다고 보이지 않는다.

위 인정사실과 사정에 더하여 ① 피고는 위 정관규정에 따라 이후 분양계약체결절차에서 조합에서 탈퇴할 기회가 있을 것으로 예상하고 분양신청을 하였을 것이므로 도시정비법 규정과 같이 분양계약체결절차를 별도로 두지 않은 경우보다는 더 적은 주의를 기울이고 분양신청절차에 응하였던 점, ② 그럼에도 원고가 위 정관규정에 따라 관리처분계획변경인가 이후 원고의 해산 전까지 아무 시점에나 분양계약체결절차를 진행할 수 있다고 보면 조합원들이 분양계약체결절차가 아예 마련되어 있지 않은 경우보다 더 불리한 위치에 놓이게 될 가능성이 있는 점, ③ 위 정관규정으로 현금청산자가 될 가능성을 열어놓은 이상 조속히 분양계약체결기간을 지정하여 조합원과 현금청산자를 분류하고, 이에 따른 미분양분을 반영하여 관리처분계획을 변경하고 변경인가를 받아 이 사건 정비사업을 시행하는 것이 이 사건 정비사업의 신속과 안정을 위하여 바람직하다고 판단되는 점을 고려하면, 원고가 이 사건 정관규정에도 불구하고 관리처분계획변경인가 시점으로부터 상당한 기간이 지나도록 분양계약 체결 절차를 진행하지 않음으로써 피고에게 현금청산자가 될 기회를 주지 않고 피고가 원고의 조합원임을 전제로 이 사건 부동산에 대한 신탁을 원인으로 한 이전등기와 인도를 구하는 것은 신의칙에 반하여 허용되지 아니한다.

[재건축조합/ 매도청구권/ 점유이전금지가처분] 재건축 조합에서는 건물인도 소송을 하면서 그와 동시에 점유이전금지가처분을 해야 안전하다 (대법원 1999. 3. 23. 선고 98다59118 판결)

> **판례해설**
>
> 재건축조합 설립에 부동의 한 자들에 대한 명도 소송이 어느 정도 빠르게 진행되는지 여부가 조합 사업의 성패를 결정하는 경우가 종종 있다. 그 이유는 명도소송 당시에도 여전히 시공사로부터 차입한 차입금의 이자가 발생하고 있기 때문이다.
>
> 문제는 **명도소송을 마무리 하였음에도 점유하는 자들이 달라 집행이 되지 않는 경우가 종종 있고** 그럴 경우 최악의 상황으로는 소송을 처음부터 다시 진행하여야 하는 바, 이를 위해서는 점유자를 확정하는 점유이전금지가처분 결정을 받아두고 진행하는 것이 안전하다고 할 것이다.

법원판단

점유이전금지가처분은 그 목적물의 점유이전을 금지하는 것으로서 그럼에도 불구하고 점유가 이전되었을 때에는 **가처분채무자는 가처분채권자에 대한 관계에 있어서 여전히 그 점유자의 지위에 있다는 의미로서의 당사자항정의 효력이 인정될** 뿐, 가처분 이후에 매매나 임대차 등에 기하여 가처분채무자로부터 점유를 이전받은 제3자에 대하여 가처분채권자가 가처분 자체의 효력으로 직접 퇴거를 강제할 수는 없고, 가처분채권자로서는 본안판결의 집행단계에서 승계집행문을 부여받아서 그 제3자의 점유를 배제할 수 있다고 할 것이다.

III. 원고 적격 및 피고 적격

[원고적격]

[재건축조합/ 매도청구권/ 조합설립인가 당연무효] 조합이 제기하는 매도청구권 행사에 따른 소유권이전등기 청구소송에서 조합 설립이 당연무효가 아닌 이상 적법성이 추정된다(대법원 2010. 4. 8. 선고 2009다10881 판결).

> 판례해설
>
> 재건축 조합이 **매도청구권을 근거로 소유권이전등기 청구소송을 하는 경우 조합설립인가 처분이 존재한다면 적법성이 추정되고 당연무효가 아닌 이상 원고적격**이 인정된다. 즉 법원은 조합설립결의에 다소 하자가 존재하더라도 그 하자가 중대·명백하지 않은 이상 당연무효는 아니라고 판단하고 있는 입장이다.
>
> 결국 매도청구에 근거한 소유권이전등기청구소송에서 조합설립이 취소된 경우 외에는 원고 적격을 문제삼기는 어려울 것으로 보인다.

법원판단

구 도시 및 주거환경정비법(2007.12.21.법률 제8785호로 개정되기 전의 것,이하 '구 도시정비법'이라 한다)제39조에서는 사업시행자는 주택재건축사업을 시행하면서 제16조 제2항 및 제3항의 규정에 의한 **조합 설립의 동의를 하지 아니한 자(건축물 또는 토지만 소유한 자를 포함한다, 이하 같다)의 토지 및 건축물에 대하여는 집합건물의 소유 및 관리에 관한 법률(이하 '집합건물법'이라 한다)제48조의 규정을 준용하여 매도청구를 할 수 있다**고 규정하고 있는바, 주택재건축사업에서의 사업시행자인 정비사업조합은 관할 행정청의 조합설립인가와 등기에 의해 설립되고, 조합 설립에 대한 토지 등 소유자의 동의(이하 '조합설립결의'라 한다)는 조합설립인가처분이라는 행정처분을 하는 데 필요한 절차적 요건 중 하나에 불과한 것이므로, **조합설립결의에 하자가 있다 하더라도 그로 인해 조합설립인가처분이 취소되거나 당연무효로 되지 않는 한 정비사업조합은 여전히 사업시행자로서의 지위**를 갖는다(대법원 2009.9.24.선고 2008다60568판결 참조).

따라서 재건축정비사업조합이 조합 설립에 동의하지 않은 자 등에 대해 매도청구권을 행사하여 그에 따른 소유권이전등기절차 이행 등을 구하는 소송을 제기한 경우 그 소송절차에서 조합 설립에 동의하지 않은 자 등이 조합설립결의에서 정한 비용분담에 관한 사항 등이 구체성을 결여하여 위법하다는 점을 근거로 매도청구권 행사의 적법성을 다툴 수 있기 위해서는, 그와 같은 사정으로 조합설립결의가 효력이 없다는 것만으로는 부족하고 나아가 그로 인해 조합설립인가처분이 적법하게 취소되었거나 그 하자가 중대·명백하여 당연무효임을 주장·입증하여야 한다.

[재건축결의/ 집합건물법/ 관리단 집회/ 서면결의] 집합건물법 상의 관리단에서 재건축 결의를 위한 관리단 집회까지 서면결의서를 받지 못하였다고 하더라도 그 이후 지속적으로 서면결의서를 받아 4/5의 동의요건을 갖춘다면 해당 재건축 결의는 유효하다(부산지방법원 2016가단344519 소유권이전등기)

> **판례해설**
>
> 원칙적으로 관리단 집회의 유효 여부는 관리단 집회 결의 전까지 제출된 위임장 및 서면결의서에 의하여 판단되고 그 이후 받은 서면결의서나 위임장은 이미 종료된 관리단 집회 결의 내용에 산정될 수 없다.
>
> 다만 재건축결의에 있어서는 관리단집회 자체가 중요한 것이 아니라 **구분소유자 등의 서면결의서 4/5를 받았는지 여부가 관건이고 4/5의 동의를 받은 경우 관리단 집회절차를 준수할 필요가 없기 때문에** 다른 관리단 집회의결과 다르게 관리단 집회 이후에 비로소 서면결의서 관련 4/5 요건을 충족하였다고 하더라도 재건축 결의가 무효로 되지는 않는다.

법원판단

가, 이 사건 재건축 결의의 성립 및 내용

1) 재건축 결의에 따라 설립된 재건축조합은 민법상의 비법인 사단에 해당하므로 그 구성원 의사의 합의는 총회의 결의에 의할 수밖에 없다. 집합건물법 제47조 제1항, 제2항은 "건물 건축 후 상당한 기간이 지나 건물이 훼손되거나 일부 멸실되거나 그 밖의 사정으로 건물 가격에 비하여 지나치게 많은 수리비·복구비나 관리비용이 드는 경우 또는 부근 토지의 이용 상황의 변화나 그 밖의 사정으로 건물을 재건축하면 재건축에 드는 비용에 비하여 현저하게 효용이 증가하게 되는 경우에 관리단 집회는 그 건물을 철거하여 그 대지를 구분소유권의 목적이 될 새 건물의 대지로 이용할 것을 결의할 수 있다.", "제1항 결의는 구분소유자 및 의결권의 각 5분의 4 이상의 결의에 따른다."고 규정하고 있다.

2) 이와 같은 재건축 결의는 서면으로도 가능하고, 집합건물법 제47조 규정에 비추어 보면 관리단 집회는 재건축 결의의 성립요건이 아닌 것으로 판단되는데, 이 사건 총회가 개최된 2015. 12. 3.부터 2016. 8. 2.까지 이 사건 상가 전체의 전유면적 1,781.26㎡ 중 1,485.52㎡ (83.66%)에 해당하는 이 사건 상가의 구분소유자 총 156명 중 128명 (82.05%)이 이 사건 재건축사업에 동의하는 취지의 이 사건 동의서를 각 제출한 사실은 앞서 본 바와 같으므로, 이 사건 재건축 결의는 집합

건물법 제47조 제2항에 따라 구분소유자의 4/5 이상 및 의결원의 4/5 이상의 결의 요건을 충족하여 적법하게 성립하였다.

3) 또한 이 사건 조합은 조합원들로부터 이 사건 동의서를 받아 위 규정에 따른 결의정족수 요건을 충족함으로써 집합건물법에 따른 재건축 결의를 하였고, 이 사건 총회의 위임에 따라 대의원회에서 2016. 8. 25. 원고를 공동시행자로 지정한 사실은 앞서 본 바와 같고, 위 증거들에 의하면 이후 원고가 이 사건 재건축 결의에 따라 집합건물법 등 관련 규정에 따라 이 사건 재건축사업의 업무를 대행하고 있는 사실이 인정된다.

4) 따라서 피고들을 비롯한 이 사건 상가의 구분소유자들은 원고와 사이에 이 사건 동의서 기재 약정대로 집합건물법에 따른 적법·유효한 재건축 결의를 하였고, 그에 따라 이 사건 재건축사업의 공동시행자로 원고를 지정하여 추진하기로 하였음이 인정된다고 할 것이다.

나. 피고들의 소유권이전등기의무 및 인도 의무의 발생

1) 피고들이 제출한 이 사건 동의서의 전제가 된 이 사건 사업계획서 Ⅲ. 6.에 "분양미신청자는 상가의 구분소유자별 감정가액을 보상금액으로 수령하고 지분에 대하여는 공동시행사에 이전한다."라고 기재되어 있는 사실, 이 사건 조합이 이 사건 재건축 결의 후인 2016. 8. 16.

분양신청기간을 2016. 11. 4.까지로 하여 이 사건 상가 구분소유자들을 대상으로 공고하였고 피고들이 분양신청기간 종료일인 2016. 11. 4.까지 분양신청을 하지 아니한 사실, 한편 이 사건 각 부동산의 2016. 9. 15. 기준 시점 시가 감정가액은 앞서 본 표 기재와 같은 사실은 앞서 본 바와 같고, 분양신청기간 종료일 다음날인 2016. 11. 5. 기준으로 한 이 사건 각 부동산의 감정가액은 특별한 사정이 없는 한 기초사실 다.의 3)항 기재와 같은 금액일 것으로 추인된다.

2) 따라서 피고들은 이 사건 재건축 결의 및 이 사건 동의서 기재 약정에 따라 분양신청기간에 분양신청을 하지 않은 자들로서, 원고가 매수의 의사표시를 한 날 이후로서 분양신청기간 종료일 다음날인 2016. 11. 5.을 매매일자로 하는 매매계약을 원인으로 하여 이 사건 각 부동산에 관하여 감정가액 상당의 매매대금을 지급받음과 동시에 원고에게 소유권이전등기절차를 이행하고, 위 각 부동산을 인도할 의무가 있다.

[재건축조합/ 조합설립인가/ 당연무효 정도] 조합설립인가처분에 행정청의 법률요건 착오가 있다고 하더라도 이를 두고 곧바로 인가처분이 당연무효라고 볼 수 없다(대법원 2012. 10. 25. 선고 2010두25107 판결)

> **판례해설**
>
> 재건축 조합이 조합설립인가처분을 받을 경우 조합설립인가처분이 취소

되지 않는 이상 기본행위인 조합설립행위의 하자를 다툴 수 없고, 저자가 기고한 칼럼에서 이미 언급한 바와 같이 조합설립이 당연무효로 되지 않은 이상 매도청구권에 대해서 다툴 수 조차 없다.

다만 인가처분 또한 행정행위인 이상 행정청의 행위 자체의 요건이 불비되었더라도 바로 당연무효로 되는 것은 아니고 무효와 관련된 법리, 즉 중대하고 명백한 하자일 경우에만 무효라는 법리에 따라서 판단되어야 하는데, 법리나 해석이 명백히 밝혀지지 아니한 사안에 있어 행정청이 그를 잘못 해석하여 행정처분을 한 경우는 그 하자가 중대하지만 명백하지 아니한 경우이므로 이러한 하자만을 이유로 인가처분을 당연무효라고 주장할 수 없다.

법원판단

하자 있는 행정처분이 당연무효가 되기 위해서는 그 하자가 법규의 중요한 부분을 위반한 중대한 것으로서 객관적으로 명백한 것이어야 하며, 하자가 중대하고 명백한지 여부를 판별함에 있어서는 그 법규의 목적, 의미, 기능 등을 목적론적으로 고찰함과 동시에 구체적 사안 자체의 특수성에 관하여도 합리적으로 고찰함을 요한다(대법원 1995. 7. 11. 선고 94누4615 전원합의체 판결, 대법원 2012. 2. 16. 선고 2010두10907 전원합의체 판결 등 참조). 한편 행정청이 어느 법률관계나 사실관계에 대하여 어느 법률의 규정을 적용하여 행정처분을 한 경우에 그 법률관계나 사실관계에 대하여는 그 법률의 규정을 적용할 수 없다는 법리가 명백히 밝혀져 그 해석에 다툼의 여지가 없음에도 불구하고 행정청이 위 규정을 적용하여 처분을 한 때에는 그 하자가 중대하고 명백하다고 할 것이나, 그 법률관계나 사실관계에 대하여 그 법률의 규정을 적용할 수 없다는 법리가 명백히 밝혀지지 아니하여 그 해석에 다툼의 여지가 있는 때에는 행정관청이 이를 잘못 해석하여 행정처분을 하였더라도 이는 그 처분 요건사실을 오인한 것에 불과하여 그 하자가 명백하다고 할 수 없는 것이고, 행정처분의 대상이 되지 아니하는 어떤 법률관계나 사실관계에 대하여 이를 처분의 대상이 되는 것으로 오인할 만한 객관적인 사정이 있는 경우로서 그것이 처분대상이 되는지 여부가 그 사실관계를 정확히 조사하여야 비로소 밝혀질 수 있는 때에는 비록 이를 오인한 하자가 중대하다고 할지라도 외관상 명백하다고 할 수 없다(대법원 2004. 10. 15. 선고 2002다68485 판결, 대법원 2007. 3. 16. 선고 2006다83802 판결 등 참조).

[재건축조합/ 매도청구권의 요건/ 무효행위의 추인] 매도청구권은 재건축 결의가 유효하게 성립될 것을 전제로 하고, 재건축 결의의 요건은 재건축 당시를 기준으로 판단하여야 한다(대법원 2000. 11. 10. 선고 2000다24061 판결)

> 도정법 제35조(조합설립인가 등) ③ 재건축사업의 추진위원회(제31조제4항에 따라 추진위원회를 구성하지 아니하는 경우에는 토지등소유자를 말한다)가 조합을 설립하려는 때에는 주택단지의 공동주택의 각 동(복리시설의 경우에는 주택단지의 복리시설 전체를 하나의 동으로 본다)별 구분소유자의 과반수 동의(공동주택의 각 동별 구분소유자가 5 이하인 경우는 제외

한다)와 주택단지의 전체 구분소유자의 4분의 3 이상 및 토지면적의 4분의 3 이상의 토지소유자의 동의를 받아 제2항 각 호의 사항을 첨부하여 시장·군수등의 인가를 받아야 한다.

 ④ 제3항에도 불구하고 주택단지가 아닌 지역이 정비구역에 포함된 때에는 주택단지가 아닌 지역의 토지 또는 건축물 소유자의 4분의 3 이상 및 토지면적의 3분의 2 이상의 토지소유자의 동의를 받아야 한다.

집합건물법제제47조(재건축 결의)
① 건물 건축 후 상당한 기간이 지나 건물이 훼손되거나 일부 멸실되거나 그 밖의 사정으로 건물 가격에 비하여 지나치게 많은 수리비·복구비나 관리비용이 드는 경우 또는 부근 토지의 이용 상황의 변화나 그 밖의 사정으로 건물을 재건축하면 재건축에 드는 비용에 비하여 현저하게 효용이 증가하게 되는 경우에 관리단집회는 그 건물을 철거하여 그 대지를 구분소유권의 목적이 될 새 건물의 대지로 이용할 것을 결의할 수 있다. 다만, 재건축의 내용이 단지 내 다른 건물의 구분소유자에게 특별한 영향을 미칠 때에는 그 구분소유자의 승낙을 받아야 한다.
② 제1항의 결의는 구분소유자의 5분의 4 이상 및 의결권의 5분의 4 이상의 결의에 따른다.

판례해설

매도청구권은 이를 행사하는 주체가 적법하게 성립될 것을 요건으로 하기 때문에 당연히 재건축 조합 자체가 적법하게 성립될 것을 전제로 하고 조합설립 유효여부는 당연히 조합설립 당시의 법을 기준으로 한다.

대상판결은 **재건축 결의가 정족수를 충족하지 못하여 하자가 존재하는**

> 결의였으나 그 이후 관련법 개정으로 정족수 요건이 완화되어 개정법 기준으로는 유효라고 하더라도, 무효이던 종전의 재건축 결의나 그 재건축 결의에 기한 매도청구권의 행사가 소급하여 유효하게 되는 것은 아니라고 판단하였다.

법원판단

집합건물법 제48조 소정의 구분소유자 등의 매도청구권은 **재건축의 결의가 유효하게 성립하여야 비로소 발생하는 것이므로 재건축의 결의가 법이 정한 정족수를 충족하지 못하였다는 등의 사유로 무효인 경우에는 매도청구권을 행사할 수 없다**고 할 것이다.

그런데 이 사건 매도청구권 행사 무렵에 요구되던 재건축 결의의 정족수는 '구분소유자 및 의결권의 각 5분의 4 이상의 다수에 의한 결의'였고(법 제47조 제2항), 이러한 정족수에 의한 결의는 하나의 단지 내에 있는 여러 동의 건물 전부를 일괄하여 재건축하고자 하는 경우에도 개개의 각 건물마다 있어야 하는데(대법원 1998. 3. 13. 선고 97다41868 판결 참조), 원심이 인정한 사실관계에 의하더라도 위 연립주택 중 (주소 2 생략) 지상의 △△☆동 연립주택에 대하여는 총 14세대 중 피고 4, 피고 3, 피고 2, 피고 1 등 4세대(28%)가, (주소 3 생략) 지상의 ○○▽동 연립주택에 대하여는 총 9세대 중 피고 11, 피고 9, 피고 10 등 3세대(1/3)가, (주소 4 생략) 지상의 ○○연립주택□□동에 대하여는 총

6세대 중 피고 8, 피고 7 등 2세대(1/3)가, (주소 5 생략) 지상의 ○○연립주택◇◇동에 대하여는 총 9세대 중 피고 5, 피고 6 등 2세대(23%)가 각 재건축에 찬성하지 아니하여 위 각 동의 연립주택 모두가 **법이 정한 재건축 결의의 정족수(4/5)를 충족하지 못하였음**을 알아 볼 수 있으므로, 결국 위 각 동의 연립주택에 대하여는 유효한 재건축의 결의가 있다고 할 수 없고, 따라서 그 구분소유자들인 피고들에 대하여는 매도청구권을 행사할 수 없다고 할 것이다. 위 재건축 결의의 정족수는 그 후 '주택단지 안의 각 동별 구분소유자 및 의결권의 각 3분의 2 이상의 결의와 주택단지 안의 전체 구분소유자 및 의결권의 5분의 4 이상의 결의'를 요하는 것으로 완화되기는 하였으나(1999. 2. 8. 법률 제5908호로 신설된 주택건설촉진법 제44조의3 제7항), 위 조항의 신설로 무효이던 종전의 재건축 결의나 그 재건축 결의에 기한 매도청구권의 행사가 소급하여 유효하게 되는 것은 아니라고 할 것이다.

그렇다면 원고 조합이 이 사건 소로써 피고들에 대하여 한 이 사건 **매도청구권의 행사는 부적법하다**고 할 것임에도, 원심은 그 판시와 같은 이유로 이를 적법한 것으로 판단하여 원고 조합의 피고들에 대한 청구를 모두 인용하고 말았으니, 원심판결에는 집합건물의 재건축에 관한 법리를 오해하여 판결 결과에 영향을 미친 위법이 있다고 할 것이다.

[재건축조합/ 매도청구권/ 지구단위계획 수립] 구 주택건설촉진법에 의한 지구개발계획이 수립된 경우, 도정법상 정비구역의 지정여부와 상관

없이 매도청구권을 행사할 수 있다(대법원 2009. 3. 26. 선고 2008다 21549,21556,21563 판결)

법원판단

정비구역의 지정 없이 매도청구권을 행사할 수 있는지 여부에 대하여

원심이 적법하게 확정한 사실과 기록에 의하면, 수원시는 1996년경 이 사건 아파트를 저층지역에서 고층지역으로 건축할 수 있도록 수원시 정자아파트지구의 지구개발계획을 변경하여, 1996. 7. 13. 경기도로부터 승인을 받은 사실, 원고(반소피고, 이하 '원고'라고만 한다)는 1999. 11. 22. 수원시장으로부터 구 주택건설촉진법(2003. 5. 29. 법률 제6916호 주택법으로 전문 개정되기 전의 것) 제44조 제1항에 의하여 주택조합설립인가를 받은 사실, 원고는 설립 당시부터 이 사건 아파트의 부지 외에 이 사건 각 토지 등을 매입하여 총 24,784㎡를 대지면적으로 하여 재건축을 추진할 예정이었고, 2002. 11. 3. 조합원 임시총회에서도 이 사건 각 토지 등을 매입하기로 의결한 사실, 원고가 2003년 6월경 징구한 재건축 동의서에 기재된 이 사건 사업시행구역에도 이 사건 각 토지가 포함되어 있었고, 그 후 2003. 10. 8. 이 사건 사업시행구역을 정비구역으로 지정할 것을 제안하여 2004. 11. 8. 정비구역 지정까지 받은 사실을 인정할 수 있고, 위 인정사실에다가 구 도시 및 주거환경정비법(2003. 12. 31. 법률 제7056호로 개정되기 전의 것, 이하 '도정법'이라 한다) 부칙 제5조 제3항은 "국토의 계획 및 이용에 관한 법률에 의한 용도지구 중 대통령령이 정하는 용도지구 및 주택건설촉진법의 종전 규정에 의하여 재건축을 추진하고자 하는 구역으로서 국토의 계획 및 이용에 관한 법률에 의하여 지구단위계획으로 결정된 구역은 이 법에 의한 주택재건축구역으로 보며, 주택건설촉진법 제20조의 규정에 의하여 수립된 아파트지구개발기본계획과 지구단위계획은 본칙 제4조의 규정에 의하여 수립된 정비계획으로 본다"고 규정하고 있는 점을 보태어 보면, 이 사건 아파트와 같은 주택단지에 속하는 이 사건 각 토지에 관하여는 재건축할 수 있도록 수원시 정자아파트지구의 지구개발계획이 수립되어 있었으므로, 이는 구 도정법 부칙 제5조 제3항에 의하여 주택재건축구역으로서 정비계획이 수립된 것으로 볼 수 있고, 따라서 이 사건 각 토지에 관하여 도정법에 의한 정비구역이 지정되지 않은 상태에서 원고가 도정법 제39조에 의하여 이 사건 각 토지에 대한 매도청구권을 행사하였다고 하여 이를 위법하다고 할 수는 없다.

[재건축조합/ 매도청구권 행사시 상대방의 주장정리] 조합설립변경결의 하자/ 추정분담금 등 정보제공해태/ 조합설립동의 철회절차 및 방법에 관한 설명·고지 및 통지의무 해태 (대구지방법원 2017가합209581 소유권이전등기)

> **판례해설**
>
> 최근 매도청구권 행사의 효력에 대하여 다투고자 하는 자들은 대상판결과 같이 구체적인 내용을 나열하며 그 하자를 주장하는 경우가 많으나, **법원은 다수의 조합원이 동의한 조합사업의 법적 안정성을 위해 가급적 조합의 입장에서 판단하고 있는데, 대상판결은 그 대표적인 예시라 할 수 있다.**
>
> 대상판결의 주장과 그에 대한 법원의 판단을 살펴보면 추후 조합측에서 어떠한 방식으로 매도청구의 무효 주장을 방어할 수 있을지에 대한 도움을 얻을 수 있을 것이다.

법원판단

가. 조합설립변경결의 하자에 따른 매도청구권 부존재 주장

앞서 본 바와 같은 피고의 조합설립변경결의 하자에 따른 매도청구권 부존재 주장에 관하여 살펴본다.

재건축정비사업조합이 조합 설립에 동의하지 않은 자 등에 대해 매도청구권을 행사하여 그에 따른 소유권이전등기절차 이행 등을 구하는 소송을 제기한 경우 그 소송절차에서 조합 설립에 동의하지 않은 자 등이 조합설립결의의 하자 등을 이유로 매도청구권 행사의 적법성을 다툴 수 있기 위해서는, **그와 같은 사정으로 조합설립결의가 효력이 없다는 등의 주장만으로는 부족하고 나아가 그로 인해 조합설립인가처분이 적**

법하게 취소되었거나 그 하자가 중대·명백하여 당연무효임을 주장·증명하여야 한다(대법원 2010. 2. 25. 선고 2009다66686 판결 등 참조).

위 법리에 비추어 이 사건에 관하여 보건대, 원고의 조합설립변경결의의 하자로 인하여 원고에 대한 조합설립변경인가처분이 적법하게 취소되었거나 그 하자가 중대·명백하여 당연무효라는 점을 인정할 만한 아무런 증거가 없고, 오히려 갑 제8호증, 을가 제1호증의 각 기재, 이 법원에 현저한 사실에 변론 전체의 취지를 종합하면, 원고의 조합원이었던 사람들이 2017. 9. 19. 원고들 상대로 조합설립변경인가를 위한 2016. 1. 16.자 임시총회결의가 무효라고 주장하면서 대구지방법원 2017가합207318호로 총회결의무효확인 등이 소를 제기하였으나, 위 법원은 2019. 1. 24. 원고의 조합원이었던 사람들의 청구를 모두 기각하는 내용의 판결을 선고하였고, 그 판결이 그 무렵 확정된 사실이 인정될 뿐이다. 따라서 피고의 위 주장은 이유 없다.

나. 추정분담금 등 정보제공의무 해태에 따른 매도청구권 행사의 위법 주장

1) 주장

추진위원회가 토지 등 소유자에게 구 도시정비법 제16조 제6항에 따라 추정분담금 등 정보를 제공하여야 할 의무는 원고가 같은 법 제39조에 따른 매도청구권을 행사하기 위한 요건인데, 원고는 피고에게 추정분담금 등 정보를 제공할 의무를 다하였다고 볼 수 없으므로, 원고의 매도청구권 행사는 위법하다.

2) 판단

위와 같은 조항들에 의하면, 추정분담금 등 정보제공의무는 구 도시정비법 제16조 제6항에 따라 주택재건축사업의 추진위원회가 조합 설립에 관한 동의를 받기에 앞서 이행하여야 할 절차이기는 하나, 주택재건축사업의 시행자가 구 도시정비법 제39조에 따른 매도청구를 하기 위한 요건이 아니다.

설령 피고의 주장대로 원고가 추정분담금 등 정보제공의무를 이행하지 아니하였다고 하더라도, 원고에 대한 조합설립변경인가처분이 취소되었거나 당연무효라는 점에 대한 주장·증명이 없는 이상 그로 인하여 이 사건 부동산에 관한 원고의 매도청구권 행사가 위법하게 되는 것은 아니다. 따라서 피고의 위 주장은 이유 없다.

다. 조합설립동의 철회절차 및 방법에 관한 설명·고지 및 통지의무 해태에 따른 매도청구권 행사의 위법 주장

1) 피고의 주장

원고는 2017. 8. 7. 자 조합설립변경인가를 위하여 조합설립변경동의서를 징구할 당시 토지 등 소유자에게 조합설립동의 철회절차 및 방법에 관하여 설명·고지하여야 하고, 구 도시 및 주거환경정비법 시행령(2016. 7. 28. 대통령령 제27409호로 개정되기 전의 것, 이하 '구 도시정비법 시행령'이라 한다) 제24조 제1항 제8호에 따라 조합설립변경인가 신청일 60일 전까지 조합 설립에 대한 동의 철회(구 도시정비법 제13조 제3항 단서에 따른 반대의 의사표시를 포함한다) 및 방법을 통지하여야 함에도 이러한 절차를 이행하지 아니하였으므로, 원고의 매도청구권 행사는 위법하다.

2) 판단

가) 조합 설립을 위한 추진위원회 구성에 대한 토지 등 소유자의 동의를 받기 위해서는 그에 앞서 추진위원회 구성에 동의하면 조합 설립에 동의한 것으로 된다는 점을 설명·고지하여야 한다(구 도시정비법 제13조 제2 내지 4항). 위 설명·고지에 관한 구 도시정비법 시행령 조항은 아래와 같다.

나) 즉, 추진위원회 구성에 대한 토지 등 소유자의 동의를 받기 위해서는 사전에 동의 철회 절차 등에 관하여 설명·고지하여야 한다. 따라서 위와 같은 설명·고지 절차상 하자가 있으면 이는 추진위원회 구성에 대한 동의의 하자로 이어질 여지는 있다.

다) 그러나 이는 주택재건축사업 등을 시행하고자 조합을 설립하

기 위하여 그 전 단계로서 추진위원회를 구성하기 위한 토지 등 소유자의 동의를 받고자 하는 단계에서 적용되는 규정일 뿐, 이 사건과 같이 조합설립인가가 이미 이루어진 뒤 인가받은 사항을 변경하고자 토지 등 소유자의 동의를 받고자하는 단계에서 적용되는 규정이라고 할 수는 없다.

라) 구 도시정비법 시행령 제24조 제1항 제8호에서 정한 '조합설립인가 신청일 60일 전 조합 설립에 대한 동의 철회 및 방법에 관한 통지의무' 역시 추진위원회 구성에 동의함으로써 조합 설립에 동의한 것으로 의제되는 토지 등 소유자에게 조합설립인가 신청 전에 조합 설립에 대한 동의 철회 내지 조합 설립에 대한 반대의사표시를 할 수 있는 기회를 보장하기 위한 것일 뿐, 이 사건과 같이 조합설립변경인가를 받는 단계에서 적용되는 규정으로 볼 수 없다.

마) 또한 구 도시정비법상 매도청구에 관한 조항상 위와 같은 동의 철회 및 방법에 관한 설명·고지 및 통지의무가 매도청구의 요건으로 되어 있지도 아니하다. 나아가 앞서 본 바와 같이 조합설립결의에 하자가 있다고 하더라도 그로 인하여 조합설립인가처분이 취소되거나 당연무효로 되지 않는 한 정비사업조합은 여전히 사업시행자로서의 지위를 가진다. 조합설립결의보다도 더 앞선 단계인 조합 설립을 위한 추진위원회 구성 동의에 하자가 있다는 이유만으로 정비사업조합이 사업시행자로서의 지위를 상실하지 않음은 분명하다.

바) 따라서 피고의 주장대로 조합설립변경동의서 징구 당시 토지 등 소유자에게 조합설립동의 철회절차 및 방법에 관하여 설명·고지하지 않았거나 조합설립변경인가 신청 60일 전에 그 내용을 통지하지 아니하였다고 하더라도 그로 인하여 원고의 매도청구권 행사가 위법하게 되는 것은 아니므로, 피고의 위 주장은 이유 없다.

[피고적격]

> 가. 조합설립에 동의하지 않은 자
> 나. 건축물 또는 토지만 소유한 자
> 다. 사업시행자 지정에 동의하지 않은 자 등

[재건축 조합/ 매도청구권/ 피고 적격] 부동산 매매에서 매수인이 잔금을 모두 지급한 상태이지만 아직 소유권이전등기가 이전되지 않은 경우 매도청구의 상대방(대법원 2000. 6. 23 선고 99다63084 판결)

판례해설

매도청구권이라 함은 소유권을 가지고 있는 상대방으로부터 소유권을 이전받기 위해서 행사하는 권리이다. 당연히 소유권을 가진 상대방을 상대로 소를 진행하여야 한다.

우리 법제는 부동산물권변동에 대하여 성립요건주의를 채택하고 있는

데, 성립요건주의라고 함은 민법제187조의 예외 사유가 아닌 이상 제186조 즉, 법률행위에 의하여 등기가 되어야만 비로소 소유권자가 되고, 그렇지 않고 소유권이전등기를 하지 않은 이상 아무리 매매대금을 완납하였다고 하더라도 대외적으로 "소유권자"라고 주장할 수 없다.

분양자가 분양을 완료한 이후 잔대금을 모두 지급받았을 경우에는 소유권 이전등기 절차를 진행하여야 하고 수분양자는 분양자로부터 소유권이전등기를 경료하여야 비로소 민법상 소유권자가 되는 것이다.

대상판결은 매도청구권의 상대방이 잔대금을 완납하였지만 아직 분양자 명의의 등기가 이전되지 않고 남아있었던 경우인데, 법원은 민법상 성립요건주의 원칙에 따라 등기부상 소유권자에 대하여 매도청구권 행사는 적법하다는 취지로 판단하였는 바, 이는 기존 법리를 확인한 것에 불과하다.

법원판단

피고가 피고 소유의 아파트를 이미 제3자에게 분양하여 그의 일부 잔대금 청산이 완결될 때까지만 그의 소유권을 보유하고 있는 상태라고 하더라도 그의 소유권보존등기가 아직 피고 명의로 남아 있는 이상 피고는 대외적으로 그 아파트의 처분권을 갖고 있는 적법한 소유자라고 할 것이고, 집합건물의소유및관리에관한법률(아래에서는 '법'이라고 쓴다) 제48조에 정한 매도청구권은 대외적인 법률상의 처분권을 갖고 있는 등기부상 소유자에게 행사하여야 할 것이므로 원고가 이 사건에서 피고를 상대방으로 삼아 매도청구권을 행사한 것은 적법하며, 그로 인하여 피고가 수분양자들에 대해 소유권이전등기의무의 이행불능에 따른 손해배상책임을 부담하게 된다고 하더라도 그 매도청구권의 행사가 부동산등기특별조치법이나 사회질서에 반하거나 신의성실의 원칙에 위반한다고 할 수는 없다.

[재건축 결의/ 매도청구권/ 피고 적격] 여러 동의 건물 중 일부 동에 대해서만 재건축결의의 요건을 갖춘 경우 재건축 결의가 갖추어진 동의 재건축결의에 찬성하지 아니한 구분소유자에 대한 매도청구권 행사가 가능한지 여부(적극)(대법원 2000. 6. 23. 선고 99다63084 판결)

판례해설

하나의 단지 내에 여러 동의 건물이 있고 그 대지가 건물 소유자 전원의 공유에 속하여 단지 내 여러 동의 건물 전부를 일괄하여 재건축하고자 하는 경우에는 각각의 건물마다 재건축 결의요건을 갖추어야 하지만, 일단 해당 동의 재건축 결의가 갖추어진 경우에는 다른 동의 재건축 결의가 갖추어지지 않았다고 하더라도 재건축 결의가 갖추어진 해당 동의 소유자에 대하여는 매도청구권을 행사할 수 있다.

따라서 결의가 갖추어진 동의 소유자는 그에 대한 매도청구에 대해 다른 동의 재건축결의가 되지 않았음을 들어 청구의 기각을 구할 수 없다.

법원판단

　집합건물법 제47조, 제48조에 의하여, **일정한 경우 구분소유자의 4/5 이상의 다수에 의하여 구분소유관계에 있는 건물을 철거하고 그의 대지를 구분소유권의 목적이 될 신 건물의 대지로 이용할 것을 결의할 수 있고, 재건축 결의에 찬성한 구분소유자 등은 재건축에 참가하지 아니하는 구분소유자에 대하여 구분소유권과 대지사용권을 매도할 것을 청구할 수 있는바**, 이는 수인이 구분소유하고 있는 1동의 건물에 관하여 재건축이 필요하게 된 경우에 그 건물이 물리적으로 일체불가분인 점에 근거하여, 다수결 원리에 의하여 구분소유권의 자유로운 처분을 제한하여 건물 전체의 재건축을 원활하게 하기 위한 것이므로, 하나의 단지 내에 여러 동의 건물이 있고 그 대지가 건물 소유자 전원의 공유에 속하여 단지 내 여러 동의 건물 전부를 일괄하여 재건축하고자 하는 경우에는 각각의 건물마다 그 구분소유자의 4/5 이상의 다수에 의한 재건축결의가 있어야 하고(대법원 1998. 3. 13. 선고 97다41868 판결), 그와 같은 경우에 **일부 건물에 재건축결의의 요건을 갖추지 못하였지만 나머지 건물에 재건축결의의 요건을 갖추었다면 그 나머지 건물에 대하여는 적법한 재건축결의가 있었다고 볼 것이므로 그 나머지 건물의 구분소유자 중 재건축결의에 찬성하지 아니한 구분소유자에 대하여 매도청구권을 행사할 수 있다**고 할 것이다.

　기록에 의하니, 이 사건 아파트 건물 21개동, 상가건물 1개동, 유치원

1개동이 건립되어 있는 이 사건 토지는 유치원건물의 부지를 제외하고는 원고 조합원들 및 피고 등의 공유이고, 피고가 소유하는 각 아파트가 속해 있는 207동의 재건축 동의율은 97%, 211동의 재건축 동의율은 96%인 사실을 알 수 있으므로, 비록 상가건물과 유치원건물에 대하여 재건축에 필요한 결의요건을 갖추지 못하였다고 하더라도 207동, 211동에 관한 피고에 대한 매도청구권 행사는 적법하다고 할 것이다.

[재건축조합/ 매도청구권 상대방/ 동의권한 있는 조합원] 무허가 건물이 전전 양도된 경우 조합원이 될 수 있는 소유자의 개념(대법원 1998. 3. 27. 선고 97누17094 판결)

판례해설

재건축사업에서의 매도청구권을 규정한 도정법 제64조 1항은 각호에 조합설립 동의 권한을 가진 자에 대하여 열거하고 있는 바, (1호)재건축조합 설립에 동의하지 않은 자(당연히 설립에 동의권을 가진 자) 및 (2호)재개발조합의 사업시행자 지정에 동의하지 않은 자를 최고의 상대방으로 규정하고 있다.

대상판결은 이와 같이 동의권을 가진 자를 결정하는 소유자의 개념과 관련하여 '무허가 건축물'의 경우는 누구를 소유자로 볼 것인지에 대해 판단하고 있다.

(원칙적으로 우리 민법상 소유자라는 개념은 법률상의 개념으로서 민법 제186조에 따라 등기상 소유자로 인정된 자 또는 민법 제187조에 의한 자

를 등기없어도 예외적으로 소유자라고 인정하고 있다.)

대상판결에서 대법원은 조합정관으로 무허가건축물 소유자에게 조합원 자격을 부여하고 있는 경우 그 건물의 사실상의 소유자에게 조합원의 자격을 부여한 것이라고 해석하면서, 무허가 건축물이 전전 양도된 경우 소유권등기를 갖추지 못하였다(무허가이기 때문에 당연히 등기를 갖추기는 어려움)고 하더라도 **사실상의 소유자인지 여부를 여러 가지 사정(당해 무허가건축물의 양수 경위, 점유 및 사용관계, 재산세 등의 납세 여부 및 무허가건축물관리대장상의 등재 여부, 당해 무허가건축물이 주거용인 경우에는 그 소재지에 주민등록을 하였는지 여부 등)을 통하여 판단하여야 하고, 최종 양수인만이 조합원의 자격을 취득한다**고 판단하였다.

결론적으로 무허가 건축물에 있어서 소유자 부분은 판단하기 어렵고 특히 전전양도된 경우에는 매도청구권행사를 위한 사실상 소유자를 특정함에 있어서 각별한 주의를 기울여야 한다.

법원판단

구 도시재개발법(1995. 12. 29. 법률 제5116호로 전문 개정되기 전의 것, 이하 "법"이라 한다)의 관계 규정에 의하면, 피고와 같은 재개발조합은 재개발구역 안에서 토지의 합리적이고 효율적인 고도이용과 도시기능을 회복하기 위하여 도시재개발법이 정하는 바에 따라 행정당국으로부터 조합의 설립과 재개발사업의 시행에 관하여 인가를 받아 설립되는 법인으로서(법 제2조, 제9조, 제17조, 제18조) 재개발구역 안의 토지 등의 소유자와 지상권자는 당연히 당해 조합의 조합원이 되는 강제가입제를 취하고 있으므로(제20조), 그 조합원은 설립인가시를 기준으로 하여 법 제20조 및 정관의 규정에 의하여 확정되고 그 후 동 조합원의 지위에 양도 등의 사유가 발생한 경우에는 정관이 정하는 바에 따라 그 범위 내에서만 조합원의 변경이 가능하다고 보아야 할 것인바, 피고 조합의 정관 제9조 제1항에서 그 재개발사업시행구역 안의 토지, 건물의 소유자에게 조합원의 자격을 부여하는 것으로 규정하면서 이와 별도로 같은 조 제6항에서 일정한 요건을 갖춘 무허가건축물을 소유한 자에 대하여는 그 소유임을 입증하는 경우에 한하여 조합원의 자격을 부여하는 것으로 규정하고 있다면, 무허가건축물에 관하여는 그 사실상의 소유자에게 조합원의 자격을 부여한 것이라고 해석하여야 할 것이고, 무허가건축물이 전전양도되어 최종양수인이 사실상 소유자로서 사용·수익하는 경우에는 그 최종양수인만이 조합원의 자격을 취득한다고 할 것이지, 물권변동에 원칙적으로 등기를 요하도록 하고 있는 민법의 규정상 최초의 신축자에게 여전히 그 법률상의 소유권이 귀속된다고 하여 신축자가 조합원으로서의 자격을 취득한다고 해석할 것은 아니며, 이 경우 사실상의 소유자인지 여부의 판단은 당해 무허가건축물의 양수 경위, 점유 및 사용관계, 재산세 등의 납세 여부 및 무허가건축물관리대장상의 등재 여부, 당해 무허가건축물이 주거용인 경우에는 그 소재지에 주민등록을 하였는지 여부 등을 종합적으로 고려하여 판단하여야 하고(대법원 1997. 11. 28. 선고 95다43594 판결, 1994. 6. 28. 선고 93다40249 판결 참조), 또한 무허가건축물을 전전양수하였다가 이미 타인에게 이를 양도하여 그 명도까지 마친 자가 뒤늦게 대위등기신청에 의하여 신축자 명의의 보존등기를 경료하고 그에 터잡아 순차 소유권이전등기를 경료함으로써 재개발조합의 설립인가시에 그 무허가건물의 등기부상 소유명의자로 등재되었다고 할 지라도, **그 사실상의 소유자가 엄연히 별도로 존재하는 이상, 등기명의자에게 법률상의 소유권이 귀속된다고 하여 동인이 조합원으로서의 자격을 취득한다고 해석할 것은 아니며, 재개발조합의 설립인가 후에 이러한 등기명의자로부터 당해 무허가건물을 이중으로 매수하고 그 소유권이전등기를 경료받은 자도 그 사실상의 소유자로부터 조합원의 지위를 양도받은 것이 아니라면 마찬가지로 조합원의 지위를 취득할 수 없다고 할 것이다.**

그러함에도 원심이, 이와 달리 무허가건물인 이 사건 건물의 사실상의 소유자가 별도로 있음에도 중간취득자로부터 이중으로 매수하여 피고 조합이 설립인가를 받은 후에 비로소 소유권이전등기를 마친 원고가 이 사건 건물의 법률상 소유자로서 피고 조합의 조합원 자격을 취득한다고 판단한 것이므로, 거기에는 피고 조합의 조합원 자격에 관한 법리오인의 위법이 있다고 할 것이고 이 점을 지적한 논지는 이유 있다.

[재건축조합/ 매도청구권/ 토지만의 소유자] 사업시행자는 주택재건축사업의 주택단지 내에 토지만을 소유하고 있는 자에 대하여도 구 도정법상 매도청구권을 행사할 수 있다(대법원 2009. 3. 26. 선고 2008다21549,21556,21563 판결).

도정법 제2조(정의) 이 법에서 사용하는 용어의 뜻은 다음과 같다.
9. "토지등소유자"란 다음 각 목의 어느 하나에 해당하는 자를 말한다. 다만, 제27조제1항에 따라 「자본시장과 금융투자업에 관한 법률」 제8조제7항에 따른 신탁업자(이하 "신탁업자"라 한다)가 사업시행자로 지정된 경우 토지등소유자가 정비사업을 목적으로 신탁업자에게 신탁한 토지 또는 건축물에 대하여는 위탁자를 토지등소유자로 본다.
나. 재건축사업의 경우에는 정비구역에 위치한 **건축물 및 그 부속토지의 소유자**

도정법 제64조(재건축사업에서의 매도청구)
② 제1항의 촉구를 받은 토지등소유자는 촉구를 받은 날부터 2개월 이내에 회답하여야 한다.
④ 제2항의 기간이 지나면 사업시행자는 그 기간이 만료된 때부터 2개월 이내에 조합설립 또는 사업시행자 지정에 동의하지 아니하겠다는 뜻을 회답한 토지등소유자와 **건축물 또는 토지만 소유한 자에게** 건축물 또는 토지의 소유권과 그 밖의 권리를 매도할 것을 청구할 수 있다.

판례해설

흔히 매도청구권이라는 제도는 조합설립에 동의하지 않은 자에게만 청구할 수 있는 권리라고 오인하는 경우가 종종 있다. 그러나 **매도청구권은 조합원이 될 수 있는 자격이 있는 토지등소유자들 중 조합설립에 동의하지 않은 자뿐만 아니라 사업을 원활한 수행을 위하여 조합원의 자격이 없지만 사업부지 내에 토지 또는 건물만 소유하고 있는 자에 대하여 매수를 청구할 수

> 있는 권리이기도 하다.
> 　현행 도정법 제64조 제4항은 조합원이 될 수 없음을 전제로 토지 또는 건물만 소유한 자에 대하여는 <u>최고 없이 매도청구권을 행사할 수 있다</u>고 명시적으로 규율하고 있다.

법원판단

　피고들(토지만의 소유자)이 이 사건 매도청구권 행사의 상대방이 되는지 여부에 대하여

　도정법 제2조 제9호 (나)목, 제16조 제2항, 제3항, 제19조 제1항 등의 관계 법령에 의하면, 주택재건축정비사업조합이 시행하는 주택재건축사업의 주택단지 내에 <u>토지만을 소유하고 있는 자는 "토지 등 소유자"에 해당하지 않아 조합원의 자격이 없을 뿐 아니라 도정법 제16조 제2항, 제3항에 정한 조합 설립 동의의 상대방이 되지도 아니함</u>은 상고이유의 주장과 같으나, 한편 도정법 제39조 전문(前文)에서는 "사업시행자는 주택재건축사업을 시행함에 있어 제16조 제2항 및 제3항의 규정에 의한 조합 설립의 동의를 하지 아니한 자(건축물 또는 토지만 소유한 자를 포함한다)의 토지 및 건축물에 대하여는 집합건물의 소유 및 관리에 관한 법률 제48조의 규정을 준용하여 매도청구를 할 수 있다"고 규정하고 있으므로, 사업시행자는 주택재건축사업의 주택단지 내에 토지만을 소유하고 있는 자에 대하여도 도정법 제39조에 정한 매도청

구권을 행사할 수 있다 할 것이다.

위와 같은 법리에 비추어 원심이 확정한 사실관계를 살펴보면, 피고들은 이 사건 사업시행구역 내에 토지만을 소유하고 있는 자들로서 조합설립의 동의의 상대방이 되지는 아니하나 도정법 제39조에 의한 매도청구권 행사의 상대방이 될 수 있다고 할 것인바, 원심의 이유설시가 적절하지는 아니하나 피고들이 도정법 제39조에 의한 매도청구권 행사의 상대방이 될 수 있다고 판단한 원심의 결론은 정당하다.

[재건축 조합/ 매도청구권 행사 상대방] 재건축 조합이 설립인가를 받았을 경우 최초 동의 기준으로 매도청구권 행사의 상대방을 결정할 수 있고 그 이후 추인에 부동의한 자는 상대방으로 포함될 수 없다(대법원 2011. 1. 13. 선고 2010다57824 판결)

판례해설

재건축 조합은 도정법에 규정된 매도청구권에 의거하여 조합설립에 부동의한 자들에 대하여 매도청구를 할 수 있고, 이 경우 매도청구를 할 수 있는 조합은 적법·유효하게 설립된 조합을 의미한다. 다만 매도청구권에 의한 소유권이전등기 소송에서는 조합의 설립이 당연무효가 아닌 이상 적법성이 추정되므로 상대방의 입장에서는 다툴 수 있는 실익은 거의 없다고 볼 것이다.

문제는 **조합측에서 설립이 무효로 될 것을 예견하여 재차 설립동의에 대**

하여 추인을 받는 과정에서 해당 추인에 부동의한 조합원에 대하여 매도청구권을 행사할 수 있는지 여부이다.

대상판결에서는 아직 조합설립에 있어 무효로 판단된 것도 아니라면 **최초 조합설립에 부동의한 자들이 매도청구의 대상일 뿐 그 이후 추인을 위한 절차에서 부동의한다고 해서 곧바로 매도청구권 행사의 상대방이 되는 것은 아니라고** 판시하였다.

법원판단

1. 원심판결 이유에 의하면, 원심은 원고는 2003.5.27.이 사건 아파트 및 상가의 소유자들이 참석한 상태에서 조합설립총회를 개최하였고, 당시 참석자들은 위 총회에 참석하여 재건축결의(이하 '이 사건 재건축결의'라 한다)를 하면서 조합설립 동의서, 인감증명서 등을 제출하였는데, 피고들도 모두 조합 설립에 동의한 사실, 원고는 금천구청장으로부터 2004.8.20.구 도시정비법 제16조 제2항에 의하여 재건축정비사업조합 설립 인가처분을 받았고, 2004.12.30.사업시행 인가처분을 받은 사실, 원고는 2005.2.19.구 도시정비법 제46조, 조합 정관 제40조, 제41조에 따라 조합원들에게 2005.2.21.부터 2005.3.29.까지 분양신청을 하도록 분양통지를 하고, 그 후 두 차례에 걸쳐 추가로 분양신청 기회를 부여하였으나, 피고 1은 분양신청을 하지 않았고, 피고 2,3,4,5,6은 분양을 신청하였다가 2005.8.30.부터 2005.9.26.까지 사이에 분양신청을 철회

하고, 그 무렵 조합에서 탈퇴할 것을 요청한 사실, 원고는 이 사건 재건축결의를 보완하기 위하여 비용부담에 관한 사항이 구체적으로 적시되어 있는 동의서를 구분소유자들로부터 계속 징구하여 2007.2.22.이 사건 아파트단지 구분소유자들의 4/5 및 이사건 아파트 각 동별 구분소유자들의 2/3를 넘는 소유자들이 동의한 사실을 인정한 다음 2007. 2. 22.자로 종전의 재건축결의를 보완하는 별도의 새로운 재건축결의가 이루어졌고, 이후 원고는 피고들에 대한 2007. 3. 26.자 청구취지 및 청구원인변경신청서 부본의 송달에 의하여 재건축 참가 여부에 대한 최고 및 정지조건부 매도청구권 행사를 통지하였으므로, 위 청구취지 및 청구원인변경신청서 송달 이후 도래한 회답기간, 즉 위 신청서 송달일로부터 2개월을 경과한 다음날인 2007.5.27.각 매도청구권 행사의 효과가 발생하여 원고와 피고들 사이에 이 사건 각 아파트 및 상가에 관하여 매매계약의 체결이 의제된다고 판단하였다.

2. 그러나 원심의 판단은 다음과 같은 이유에서 그대로 수긍하기 어렵다.

구 도시 및 주거환경정비법(2007.12.21.법률 제8785호로 개정되기 전의 것, 이하 '구 도시정비법'이라 한다)제39조에서는, "사업시행자는 주택재건축사업을 시행하면서 제16조 제2항 및 제3항의 규정에 의한 조합 설립의 동의를 하지 아니한 자(건축물 또는 토지만 소유한 자를 포함한다, 이하 같다)의 토지 및 건축물에 대하여는 집합건물법 제48

조의 규정을 준용하여 매도청구를 할 수 있다"고 규정하고 있다.

그런데, 주택재건축사업에서의 사업시행자인 정비사업조합은 관할 행정청의 조합설립인가와 등기에 의해 설립되고, 조합 설립에 대한 토지 등 소유자의 동의(이하 '조합설립결의'라 한다)는 조합설립인가처분이라는 행정처분을 하는 데 필요한 절차적 요건 중 하나에 불과한 것이므로, 조합설립결의에 하자가 있다 하더라도 그로 인해 조합설립인가처분이 취소되거나 당연무효로 되지 않는 한 정비사업조합은 여전히 사업시행자로서의 지위를 갖게 되고(대법원 2009. 9. 24. 선고 2008다60568 판결 참조), 또한 도시정비법이 시행된 후에는 조합설립결의, 조합설립 변경 결의, 사업시행계획이나 관리처분계획 등에 의하지 아니한 '재건축결의'가 있다고 하여 곧바로 조합원에게 권리변동의 효력을 미칠 수 없는 것이어서, 그와 같은 재건축결의는 사업시행계획 결의 등과 별도의 독자적인 의미를 가지지 아니한다(대법원 2009. 10. 15. 선고 2008다93001 판결 참조).

따라서 재건축정비사업조합이 조합설립 인가 전의 조합설립결의에 하자가 있다는 주장에 대비하여 당초 결의를 보완하는 취지의 새로운 재건축결의를 하는 과정에서 당초 조합 설립에 동의하였던 토지 등 소유자들이 새로운 재건축결의에 동의하지 아니하였다고 하여 그 토지 등 소유자들이 새삼 '조합 설립의 동의를 하지 아니한 자'에 해당하게 되어 이들을 상대로 구 도시정비법 제39조가 정한 매도청구를 할 수 있다고 볼 것은 아니다.

　원심이 인정한 사실관계를 위 법리에 비추어 보면, 원고는 피고들을 포함한 토지 등 소유자들의 조합설립 동의를 받고, 조합설립 인가처분을 받은 후 조합설립등기를 마침으로써 설립되었으므로 그 인가처분이 취소되거나 당연무효로 되지 않는 이상 조합설립등기를 마친 때로부터 조합 설립에 동의하지 않은 자들을 상대로 매도청구권을 행사할 수는 있으나, 피고들은 당초 조합 설립에는 동의한 사람들이므로 그 후에 그들이 원고의 분양통지에도 불구하고 분양신청을 하지 아니하거나 분양신청을 철회하고 원고에 대하여 탈퇴 요청을 하면서 2007. 2. 22.자 재건축결의에 동의하지 않았다 하여도 실재 원고 조합에서 탈퇴되었다고 볼 만한 사정이 없는 한 피고들은 분양신청기간만료일까지는 여전히 원고 조합원으로서의 지위를 유지한다고 할 것이어서, 피고들이 구 도시정비법 제47조에 따른 현금청산대상자에 해당할 수 있음은 별론으로 하고, '조합 설립에 동의하지 않는 자'로서 구 도시정비법 제39조에 따른 매도청구권 행사 대상자에 해당한다고 볼 수는 없다.

　그럼에도 원심은 원고가 위와 같은 새로운 재건축결의에 의해 다시 매도청구를 할 수 있다고 보고, 이 사건 2007. 3. 26.자 청구취지 및 청구원인 변경신청서 부본의 송달에 의한 매도청구권의 행사에 의하여 2007. 5. 27. 매매계약이 체결되었다고 판단하여 원고의 피고들에 대한 청구를 전부 또는 일부 인용하고 말았으니, 이러한 원심판결에는 구 도시정비법상 조합설립 인가처분 및 재건축결의의 효력이나 매도청구권에 관한 법리를 오해하여 판결 결과에 영향을 미친 위법이 있다. 이 점을 지적하는 취지의 피고들의 이 부분 상고이유의 주장은 이유 있다.

IV. 매도청구권 행사의 효과

> **매매계약 체결일 또는 의제일**
>
> * 매도청구 의사표시일(조합설립에 동의하지 않은 자)
> * 최고기간 2개월 도과 다음날(조합설립에 동의하지 않은 자)
> * 분양신청 종료다음날(현금청산 대상자들)

[재건축조합/ 매도청구권행사/ 매매계약 성립시기] 조합설립에 동의하지 않은 자를 상대로 사업시행자가 행사한 매도청구권으로 인하여 매매계약이 성립되는 시기는 원칙적으로 매도청구의 의사 표시일이다(대법원 2009. 3. 26 선고 2008다21549등)

> **판례해설**
>
> 재건축조합인 사업시행자가 재건축사업에 참가하지 않은 구 조합원에 대한 **매도청구 행사시 매매계약 체결이 의제**된다. 즉 매도청구권은 법률상 형성권인바 요건을 갖추어 이를 행사하여 매매계약이 성립되는 시기는 **매도청구의 의사표시가 도달한 날**이 되고, 재판상 매도청구권을 행사할 경우에는 <u>매도청구 의사표시가 포함된 소장 또는 준비서면 부본의 송달일이 매매계약일</u>이 되고 뒤에서 보겠지만 이 날을 기준으로 매매가격을 산정하게 된다.

법원판단

　사업시행자가 주택재건축사업에 참가하지 않은 자에 대하여 도정법 제39조에 의한 매도청구권을 행사하면, 그 매도청구권 행사의 의사표시가 도달함과 동시에 주택재건축사업에 참가하지 않은 자의 토지나 건축물에 관하여 시가에 의한 매매계약이 성립되는 것인바, 이때의 시가란 매도청구권이 행사된 당시의 토지나 건물의 객관적 거래가격으로서, 노후되어 철거될 상태를 전제로 하거나 주택재건축사업이 시행되지 않은 현재의 현황을 전제로 한 거래가격이 아니라 그 토지나 건물에 관하여 주택재건축사업이 시행된다는 것을 전제로 하여 토지나 건축물을 평가한 가격, 즉 재건축으로 인하여 발생할 것으로 예상되는 개발이익이 포함된 가격을 말한다.

　[재건축 조합/ 매도청구/ 매매계약 성립] 조합설립에 명시적으로 부동의하지 않은 자들에 대한 매매계약 성립 간주시기는 조합설립 동의 여부를 확인하는 최고기간 2개월이 만료된 다음 날을 기준으로 한다(서울고등법원 2018나2067931 소유권이전등기)

법원판단

　위 인정사실에 의하면, 피고들이 주택재건축정비사업 조합의 설립에 관한 동의 여부에 대한 최고가 담긴 이 사건 소장 부본을 송달받은 날로부터 2개월이 경과하도록 원고의 설립에 동의하는지에 관한 회답을 하지 아니하였으므로, 구 「도시 및 주거환경정비법」 (2017. 2. 8. 법률 제14567호로 전부개정되기 전의 것, 이하 '구 도시정비법'이라 한다) 제39조 제1항, 「집합건물의 소유 및 관리에 관한 법률」 제3항에 따라 피고들은 원고의 설립에 동의하지 않은 것으로 간주된다.

그리고 원고가 피고들에 대하여 이 사건 각 토지에 매도청구를 구하는 이 사건 소송을 유지하고 있으므로, 위 2개월의 최고기간이 만료된 날의 다음 날인 2016. 8. 25.에 원고와 피고들 사이에 각 토지에 관하여 당시의 시가를 매매대금으로 한 매매계약이 성립되었다.

[재건축조합/ 분양신청하지 않은 조합원/ 매매계약 성립시기] 도정법상 매도청구권에 의하여 매매계약 성립이 의제되는 날은 분양신청기간의 종료일 다음날이다(대법원 2010. 12. 23. 선고 2010다73215 판결)

> 도정법 제73조(분양신청을 하지 아니한 자 등에 대한 조치)
> ① 사업시행자는 관리처분계획이 인가·고시된 다음 날부터 90일 이내에 다음 각 호에서 정하는 자와 토지, 건축물 또는 그 밖의 권리의 손실보상에 관한 협의를 하여야 한다. 다만, 사업시행자는 분양신청기간 종료일의 다음 날부터 협의를 시작할 수 있다.
> 1. 분양신청을 하지 아니한 자
> 2. 분양신청기간 종료 이전에 분양신청을 철회한 자
> 3. 제72조제6항 본문에 따라 분양신청을 할 수 없는 자

> 4. 제74조에 따라 인가된 관리처분계획에 따라 분양대상에서 제외된 자
>
> ② 사업시행자는 제1항에 따른 협의가 성립되지 아니하면 그 기간의 만료일 다음 날부터 60일 이내에 수용재결을 신청하거나 매도청구소송을 제기하여야 한다.

판례해설

구 도정법 제47조는 분양신청을 하지 아니한 자에 대하여 현금으로 청산하여야 한다고만 규정되어 있었고, 이와 같은 이유로 대상판결은 매도청구 규정인 구 도정법 제39조를 준용하여 매도청구권 행사가 가능하다고 보았다. 또한 **매매계약의 성립이 의제되는 시점은 분양신청기간 종료일 다음 날이고, 그에 더하여 토지 등 가액의 평가 기준일도 위 일자를 기준으로 판단하여야 한다고 판시하였다.**

조합원 지위 상실 = 현금청산자에 대한 청산금 지급의무 발생시기 = 매매계약 성립의제 = 토지 등 가액 평가 기준일 = 조합의 토지의 사용수익권 취득

법원판단

국 도시 및 주거환경정비법(이하 '도시정비법'이라고만 한다) 제47조는 사업시행자인 재건축조합이 분양신청을 하지 아니한 토지등소유자 등에 대하여 부담하는 현금청산 의무를 규정하는 것에 불과하므로(이하 위 토지등소유자 등을 '현금청산 대상자'라고 한다), **재건축조합이**

위 조항을 근거로 하여 곧바로 현금청산 대상자를 상대로 정비구역 내 부동산에 관한 소유권이전등기를 청구할 수는 없다.

한편 사업시행자인 재건축조합에게는 원칙적으로 정비구역 내 부동산에 관한 수용권한도 인정되지 않는 것이고(도시정비법 제38조 참조), 도시정비법 제39조에서 규정하는 사업시행자의 매도청구권도 <u>원칙적으로 조합원이 아닌 자를 상대로 하는 것으로서 조합설립에 동의한 조합원이었던 현금청산 대상자에 대하여 바로 적용할 수는 없는 것이나, 현금청산 대상자는 분양신청을 하지 않는 등의 사유로 인하여 분양대상자의 지위를 상실함에 따라 조합원 지위도 상실하게 되어</u>(대법원 2010. 8. 19. 선고 2009다81203 판결 참조) 조합탈퇴자에 준하는 신분을 가지는 것이므로, 매도청구에 관한 도시정비법 제39조를 준용하여 재건축조합은 현금청산 대상자를 상대로 정비구역 내 부동산에 관한 소유권이전등기를 청구할 수 있다고 봄이 상당하다.

다만, <u>현금청산 대상자에 대한 청산금 지급의무가 발생하는 시기</u>는 도시정비법 제46조의 규정에 따라 사업시행자가 정한 '분양신청기간의 종료일 다음날'이라고 하여야 하고(대법원 2008. 10. 9. 선고 2008다37780 판결 참조), 현금청산의 목적물인 토지·건축물 또는 그 밖의 권리의 가액을 평가하는 기준시점도 같은 날이므로(대법원 2009. 9. 10. 선고 2009다32850, 32867 판결 참조), 현금청산 대상자에 대한 매도청구권의 행사로 매매계약의 성립이 의제되는 날도 같은 날로 보아야 하며, 그와 같이 보는 이상 위 매도청구권의 행사에 관하여는 그 최고절차 및 행사기간에 대하여 도시정비법 제39조에서 준용하는 집합건물의 소유 및 관리에 관한 법률 제48조의 규율이 없다고 보아야 한다.

기록에 의하면, 재건축조합인 원고는 분양신청을 하지 않음으로써 현금청산 대상자로 된 피고를 상대로 이 사건 부동산에 관한 현금청산을 협의하였으나 성과가 없자, **피고에 대하여 분양신청기간의 종료일 다음날인 2008. 9. 23.을 기준으로 한 이 사건 부동산의 가액, 즉 청산금을 지급받음과 동시에 2008. 9. 23. 매매를 원인으로 소유권이전등기를 구하는 취지의 이 사건 소장을 제1심법원에 제출**하였고, 그 무렵 이 사건 소장이 피고에게 송달된 사실을 알 수 있으므로, 재건축조합인 원고의 위와 같은 매도청구에 기하여 현금청산 대상자인 피고는 원고로부터 청산금을 지급받음과 동시에 원고에게 이 사건 부동산에 관하여 2008. 9. 23. 매매를 원인으로 한 소유권이전등기절차를 이행할 의무가 있다고 할 것이다.

그렇다면 원심이, 재건축조합인 원고로서는 도시정비법 제47조에 기하여 곧바로 현금청산 대상자인 피고를 상대로 이 사건 부동산에 관한 소유권이전등기를 청구할 수 있다고 본 전제에서는 잘못된 것이나, 피고에 대하여 원고로부터 청산금을 지급받음과 동시에 원고에게 이 사건 부동산에 관한 소유권이전등기절차를 이행할 것을 명한 결론에 있어서는 정당하고, 거기에 현금청산 대상자의 재건축조합에 대한 소유권이전등기의무에 관한 법리를 오해하여 판결 결과에 영향을 미친 위법 등이 없다(다만 제1심판결과 그에 대한 항소를 기각한 원심판결에는 이 사건 부동산에 관한 등기원인을 '2008. 9. 23. 매매'가 아닌 '2008. 9. 23. 청산'으로 본 오류가 있음을 지적하여 둔다).

[재건축조합/ 매도청구권/ 토지 사용수익권 상실시점] 재건축조합 설립에 동의하지 않은 조합원의 토지 등 사용수익권의 상실 시점(대법원 2010. 6. 24. 선고 2010도985 판결)

> **판례해설**
>
> 재건축 조합은 조합설립에 동의하지 않은 자에 대하여 매도청구권을 행사할 수 있고, 그에 대한 법률효과로 동의하지 않은 조합원의 소유권을 이전받을 수 있다. 결국 **사용수익권 상실 시점은 소유권이 이전될 때 또는 토지 등 소유자가 재개발 조합에 토지 등을 인도할 때로서 그 이후 토지 등 소유자는 소유자도 아닐 뿐만 아니라 이와 같은 이유로 사용수익권도 박탈**된다.

법원판단

구 「도정법」(2005. 7. 13. 법률 제7597호로 개정되기 전의 것)에서 정한 절차에 따라 주택재건축사업이 이루어지는 경우 그 사업구역 내 종전의 토지 소유자 중 **재건축 결의에 동의한 종전의 토지 소유자**는 같은 법 제49조 제6항의 규정에 따라 관리처분계획 인가의 고시가 있은 때로부터 종전의 토지에 관한 사용수익권을 상실하나, 재건축 결의에 동의하지 않은 종전의 토지 소유자는 재건축조합이 같은 법 제39조에서 정한 매도청구권을 행사할 경우에는 재건축조합과 사이에 종전의 토지에 관한 매매계약이 성립된 것으로 의제되는 법률적 효과가 발생하므로, 일반 매매계약의 법리에 따라 재건축조합에 종전의 토지를 인도한 날 또는 재건축조합 명의로 종전의 토지에 관한 소유권이전등기가 마친 날 중 더 이른 시점에 종전의 토지에 대한 사용수익권을 상실한다고 봄이 상당하다.

위와 같은 법리에 비추어 원심이 채택한 증거들을 기록과 함께 검토하여 보면, 원심이 그 판시와 같이 이 사건 재건축조합이 재건축사업에 동의하지 않은 피고인을 상대로 매도청구권을 행사한 뒤 이 사건 토지에 관한 인도 집행을 완료하였다는 등의 이유를 들어 피고인이 이 사건 토지에 관한 사용수익권을 상실한 이상 위 토지 지상에 그 소유의 차량을 방치한 행위는 구 자동차관리법 위반죄에 해당한다고 인정한 것은 정당한 판단으로 수긍이 간다.

[재건축조합/ 재단법인 정관변경강제] 재건축 조합에서 재단법인에 매도청구권을 행사하는 경우 재단법인의 기본재산에 대한 정관변경까지 강제된다(대법원 2008. 7. 10 선고 2008다12453 판결).

판례해설

매도청구권은 앞서 언급한 바와 같이 형성권에 해당한다. 즉 **법률상 형성권은 법률관계를 발생·변동·소멸시키는 효과를 가져오는** 권리에 해당한다.

재단법인이 기본재산을 처분하기 위해서는 정관의 변경이 필요하고, 주무관청의 허가를 득하여야만 비로소 그 효력이 발생한다.

문제는 전 집합건물법 그리고 현 도정법에서 규정하고 있는 매도청구권은 그 행사만으로 토지 또는 건물에 관하여 매매계약 체결의 효과가 발생하게 되는 바, **상대방이 재단법인일 경우 위와 같은 매도청구권행사는 기본재산의 변경에 해당하여 원칙적으로 정관변경 및 주무관청의 허가가 있어야 하므로, 대상판결의 원심은 위와 같은 취지에서 매도청구 자체를 부정**하였다.

그러나 원심과 같이 해석할 경우 매도청구권 행사가 재단법인의 임의적 정관변경 여부에 좌우되므로 매도청구제도를 규정한 도정법 취지에 정면으로 반하여 부당한 결과가 초래된다. 따라서 대법원은 매도청구의 효과 자체가 법률관계의 변경이기 때문에 재단법인의 정관변경 및 주무관청의 허가 여부와 상관없이 매도청구권의 행사로서 정관변경 및 주무관청의 허가가 의제된다고 판시한 것이다.

결국 법원은 매도청구권의 요건을 엄격하게 해석하되 그 효과만큼은 형성권의 성질에 부합하게 판단한 것이다.

법원판단

　재단법인은 일정한 목적을 위하여 바쳐진 재산이라는 실체에 대하여 법인격을 부여한 것인바, 재단법인이 정관에 기본재산으로 기재한 재산은 바로 재단법인의 실체인 동시에 그 목적을 수행하기 위한 가장 기본적인 수단이 된다. 따라서 그러한 **기본재산을 처분한다는 것은 재단법인의 실체가 없어지는 것을 의미하므로 재단법인의 기본재산은 이를 함부로 처분할 수 없고, 이를 처분하기 위해서는 정관의 변경이 필요하며, 또한 정관의 변경은 주무관청의 허가를 얻어야 비로소 그 효력**이 있게 된다(민법 제45조 제3항, 제42조 제2항).

　한편, 재건축사업구역에 재단법인 소유의 기본재산이 포함됨에 따라 재건축의 결의에 찬성한 구분소유자 등이 재건축에 반대하는 재단법인을 상대로 위 기본재산에 대하여 집합건물의 소유 및 관리에 관한 법률(이하 '집합건물법'이라 한다) 제48조 제4항에 따라 매도청구를 하는 경우, 그 기본재산에 대하여는 매매계약의 성립이 강제된다. 집합건물법상의 매도청구권은 재건축사업의 원활한 진행을 위하여 집합건물법이 재건축불참자의 의사에 반하여 그 재산권을 박탈할 수 있도록 특별히 규정한 것으로서, 그 실질이 헌법 제23조 제3항의 공용수용과 같다고 볼 수 있다(헌법재판소 2006. 7. 27. 선고 2003헌바18 결정 참조). 그런데 **재단법인의 기본재산에 대하여 집합건물법에 의하여 매도청구를 하는 경우에도 위 기본재산을 취득하기 위해서 재단법인의 정관변경이 별**

도로 필요하다고 보면, 재단법인이 임의로 그 기본재산을 처분하는 내용으로 정관변경을 하지 않는 이상 매도청구를 한 자가 재단법인의 기본재산을 취득할 수 없게 되어 매도청구 대상자의 의사에 반하여 그 재산권을 박탈하도록 한 매도청구권의 본질에 반하게 된다. 따라서 **재단법인의 기본재산에 대하여 집합건물법상의 매도청구가 있는 경우에는 그 기본재산에 대한 매매계약의 성립뿐만 아니라 기본재산의 변경을 내용으로 하는 재단법인의 정관의 변경까지 강제되는 것으로 봄이 상당하다.** 그 결과 재단법인은 매도청구의 대상이 된 기본재산의 처분과 관련하여 상대방에 대하여 정관의 변경허가를 주무관청에 신청할 의무를 부담하게 되므로, 재단법인이 위 의무를 이행하지 않는 경우 상대방은 민법 제389조 제2항에 의하여 그 허가신청의 의사표시에 갈음하는 재판을 청구할 수 있다(상대방이 정관변경 허가신청의 의사표시에 갈음하는 확정판결을 받아 그 판결정본이나 등본을 주무관청에 제출한 경우, 민사집행법 제263조 제1항에 의하여 재단법인이 직접 주무관청에 정관변경 허가신청을 한 것으로 의제된다).

그럼에도 원심은, 원고가 피고 재단법인의 기본재산에 대하여 집합건물법 제48조 제4항에 따라 매도청구를 하였음을 이유로 주무관청에 기본재산 변경에 따른 정관변경허가신청절차의 이행을 구함에 대하여, 피고가 위 기본재산을 변경하는 정관변경을 할 것인지 여부는 피고의 의사에 맡겨져 있고, 기본재산 매도에 따른 정관변경이 있어야 주무관청에 이에 대한 허가를 구할 수 있다는 이유로 원고의 위 청구는 피고의 정관이 변경되는 것을 조건으로 하여야 된다고 판단하였는바, 원심판결에는 재단법인의 기본재산에 대하여 집합건물법에 따른 매도청구가 있는 경우에 있어서 재단법인의 정관변경허가 신청에 관한 법리오해의 위법이 있다.

[재건축 조합/ 동시이행관계/ 실제 피담보채무액] 매도청구대상 부동산에 권리제한등기가 설정되어 있는 경우 동시이행의 범위는 등기부상 근저당권 채권최고액이 아니라 실제 피담보채무액이다(대법원 1996. 5. 10. 선고 96다6554 판결)

판례해설

양 당사자가 부동산매매계약을 체결한 경우 매수인이 잔금을 지급할 당시 권리제한 등기 즉, 근저당권설등기가 존재한다면 매수인은 근저당권 등기가 있음을 기화로 등기말소시까지 매매대금의 지급을 거절한다는 동시이행항변권을 행사할 수 있다.

재건축조합의 매도청구권을 행사하는 경우는 그 행사로서 매매계약이 체결된 것으로 보기 때문에 계약체결에 따른 이행의 문제가 남게 되는데, 매도청구 상대방의 소유권에 일정 수준의 권리제한등기가 있을 경우 그 동시이행항변의 범위가 문제된다.

대상판결에서는 당연히 동시이행항변권은 행사할 수 있으나 그 범위는 등기부상 기재된 채권최고액이 아니라 실제 피담보채무액을 알고 있다면 그

> 금액을 한도로 대금지급을 거절할 수 있다고 판시하였다.

법원판단

　매매목적물에 대하여 권리를 주장하는 자가 있어 매수인이 매수한 권리의 전부 또는 일부를 잃을 염려가 있는 때에는 매수인은 민법 제588조에 의하여 그 위험의 한도에서 대금의 전부나 일부의 지급을 거절할 수 있고, 여기에는 매매목적물에 저당권과 같은 담보권이 설정되어 있는 경우도 포함되는 것이므로, 매도인이 말소할 의무를 부담하고 있는 매매목적물상의 저당권을 말소하지 못하고 있다면 매수인은 그 위험의 한도에서 매매대금의 지급을 거절할 수 있고, 그 결과 민법 제587조 단서에 의하여 매수인이 매매목적물을 인도받았다고 하더라도 미지급 대금에 대한 인도일 이후의 이자를 지급할 의무가 없다고 할 것이나, **이 경우 지급을 거절할 수 있는 매매대금이 어느 경우에나 근저당권의 채권최고액에 상당하는 금액인 것은 아니고, 매수인이 근저당권의 피담보채무액을 확인하여 이를 알고 있는 경우와 같은 특별한 사정이 있는 경우에는 지급을 거절할 수 있는 매매대금은 위 확인된 피담보채무액에 한정된다고** 보아야 할 것이다.

　원심판결 이유를 기록에 의하여 살펴보면, 피고가 이 사건 부동산의 매매대금 중 금 460,000,000원의 지급을 보류할 당시 원고의 소외 현대종합목재에 대한 실채무액이 금 150,000,000원이라는 것을 확인하였으므로 피고는 원고에게 미지급 잔대금에서 위 실채무액을 공제한 금 310,000,000원에 대한 이 사건 부동산의 인도일 이후의 법정이자 상당 금원을 지급할 의무가 있다고 한 원심의 인정 판단은 정당하고, 거기에 소론과 같은 법리오해의 위법이 없다.

[매도청구/ 권리제한등기/ 이행거절범위] 조합의 매도청구권에 기한 소유권이전등기 청구에 대한 상대방의 이행거절의 범위(청주지방법원 2018가합4229 사건)

> **판례해설**
>
> 앞선 판례에서 대법원은 조합의 동시이행 항변의 범위에 대해 근저당권 채권최고액이 아닌 실체 피담보채무액이라고 판시(대법원 1996. 5. 10. 선고 96다6554 판결)하였는 바, 대상판결은 그와 다르게 근저당권 채권최고액을 기준으로 동시이행의 기준으로 삼게 되었다.
>
> 이는 당사자가 제대로 주장을 하지 않음으로 인하여 발생한 결과이며 항소심 등에서 쉽게 정리될 것으로 보인다.

법원판단

1) 관련 법리

매도청구권의 행사로 인한 부동산 매매에 있어 매수인의 시가 상당의 대금지급의무와 매도인의 소유권이전등기의무 및 인도의무는 동시이행관계에 있고, 부동산매매계약에 있어 특별한 약정이 없는 한 매수인은 그 부동산에 설정된 근저당권설정등기가 있어 완전한 소유권이전을 받지 못할 우려가 있으면 그 근정당권의 말소등기가 될 때까지 그 등기상의 담보한도금액에 상당한 대금지급을 거절할 수 있다(대법원 1988. 9. 27. 선고 87다카1029 판결 참조). 따라서 구 도시정비법 제39조에 의하여 매도청구권을 행사하는 경우 법원은 해당 **부동산의 시가에서 근저당권의 채권최고액(또는 피담보채무액)을 공제한 나머지 금원의 지급과 상환**으로 소유권이전등기절차의 이행 및 부동산의 인도를 명하여야 한다(대법원 2009. 1. 15. 선고 2008다40991 판결 참조).

2) 판단

가) 위 법리에 비추어 이 사건에 관하여 보건대, 갑 제5호증의 3의 기재에 변론 전체의 취지를 종합하면, 승계참가인 K 소유의 이 사건 제5 부동산에 관하여 채권자 T조합, 채권최고액 91,000,000원, 채무자 K로 된 근저당권설정등기가 마쳐져 있는 사실을 인정할 수 있고, **원고는 승계참가인 K에 대하여 채권최고액에 해당하는 매매대금의 지급을 거절할 수 있으므로, 결국 원고가 승계참가인 K에게 지급할 매매대금에서 위 채권최고액 91,000,000원이 공제되어야 한다.**

[재건축 조합/ 매도청구권 행사/ 권리제한 등기/ 감정가액 판단] 매매대금의 지급을 거절할 수 있는 근저당권 및 가압류의 피보전권리에 관한 판단/ 감정 가액 적정선 판단 (대법원 2009.1.15. 선고 2008다40991 판결)

법원판단

가. 권리제한 등기와 관련된 문제

부동산매매계약에서 특별한 약정이 없는 한 매수인은 그 부동산에 설정된 근저당권설정등기로 인하여 완전한 소유권이전을 받지 못할 우려가 있으면, 그 근저당권이 말소될 때까지 그 등기상의 **담보한도금액에 상당한 대금 지급을 거절할 수 있고**(대법원 1988. 9. 27. 선고 87다카1029 판결 참조), **가압류집행이 되어 있는 경우에도 가압류의 피보전채권액에 상당한 매매대금의 지급을 거절할 수 있는바**(대법원 1999. 6. 11. 선고 99다11045 판결 참조), 같은 취지에서 원심이 감정가액에서 근저당권의 채권최고액과 가압류의 청구금액을 공제한 나머지 금원의 지급과 상환으로 소유권이전등기절차의 이행 및 부동산의 인도를 명하여야 한다고 한 것은 옳고, 거기에 상고이유의 주장과 같은 법리오해 등의 위법이 없다.

나. 감정가액에 관한 사실오인 등 주장에 대하여

자유심증주의하에서 증거가치에 대한 판단은 논리와 경험칙에 반하지 아니하는 한 사실심법원의 전권에 속하는 사항인바, **일반적으로 부동산중개업소를 통하여 형성된 재건축아파트의 실제거래가격은 개발이익이 반영되어 형성된 것이라는 점**과 감정인에 대한 제1심 재판장의 지시사항이나 감정서에 기재된 감정인이 감정시 고려한 사항, 감정방법, 거래사례의 수집사례 등을 고려하여 보면, 원심이 인정한 이 사건 아파트 및 상가의 시가는 이 사건 매도청구의 대상 아파트 및 상가에 대한 구분소유권과 대지사용권의 객관적 거래가격으로서, **개발이익을 충분히 고려한 것으로 보이고**, 달리 감정인으로서 지켜야 할 준칙을 위반하였다거나 달리 그 감정결과를 믿어서는 안 될 사정이 엿보이지 아니한 이상 원심이 제1심 감정인의 감정결과를 채택하여 판시와 같은 시가를 인정한 것은 정당한 것으로 수긍할 수 있고, 거기에 매도청구의 시가에 대한 법리를 오해하였거나, 채증법칙을 위배하였거나 또는 판단을 유탈하는 등의 위법이 있다고 할 수 없다(대법원 2006. 2. 23. 선고 2005다19552, 19569 판결 등 참조).

[재건축조합/ 매매계약의제/ 동시이행] 매도청구 대상의 부동산에 임차인이 있을 경우 공제되는 범위(대구지방법원 2017가합209581 소유권이전등기)

법원판단

1) 매매대금의 액수

위 매매계약에 따른 매매대금의 액수에 관하여 보건대, 이 법원의 감정인 D에 대한 2018. 11. 21.자 감정촉탁결과에 변론 전체의 취지를 종합하면, 이 사건 부동산의 2018. 1. 17. 시가는 1,265,385,160원인 사실이 인정된다.

2) 공제할 액수

매수인은 매매대상 부동산에 관하여 대항력 있는 임차인이 있어 매수인이 임대인의 지위를 승계하게 되고 이로써 임대차보증금 반환채무도 승계하게 되는 경우 그 **임대차보증금 상당액에 관하여도 매매대금의 지급을 거절할 수 있으므로, 구 도시정비법 제39조에 의하여 매도청구권을 행사하는 경우 법원은 해당 부동산의 시가에서 근저당권 관련 부담액 등을 공제한 나머지 금원의 지급과 상환으로 소유권이전등기절차의 이행 및 부동산의 인도를 명하여야 한다**(대법원 2009. 1. 15. 선고 2008다40991 판결 등 참조).

위 법리에 비추어 위 매매대금에서 공제할 구체적 액수에 관하여 보건대, **이 사건 부동산에 관하여 2,700만 원을 임대차보증금으로 하는 대항력 있는 임대차계약이 체결되어 있는 사실**, 이 사건 부동산에 관하여 8,500만 원을 임대차보증금으로 하는 대항력 있는 임대차계약이 체결되어 있는 사실은 당사자 사이에 다툼이 없으므로, 위 각 임대차보증금의 합계액인 1억 1200만 원(= 2,700만 원 + 8,500만 원)은 위 매매대금에서 공제되어야 한다.

[재건축조합/ 매도청구/ 동시이행의 범위] 매도청구권 행사시 동시이행의 범위는 해당 소유권에 대한 권리제한등기일 뿐 "소유권이전등기청구권"에 대한 가압류·압류는 아니다(대전고등법원 청주재판부 2019나2415 판결)

판례해설

조합에서 매도청구권을 행사하면 매매 계약 체결이 간주되고 거기에 더하여 소유권이전등기 의무를 부담하게 되는 바, 구 소유자의 소유권이전등기의무와 조합의 매매대금 지급 의무는 동시이행 즉, 서로 동시에 이행해야 하는 관계이다. 다만 **구 소유자의 소유권에 권리제한 등기가 존재하는 경우에 조합은 권리제한 등기의 범위내에서 매매대금 중 일부 지급**을 거부할 수 있다.

대상판결은 소유권에 권리제한등기가 있는 것이 아니라 소유권이전등기청구권에 대하여 채권가압류 또는 압류 결정이 있었던 사안으로서 이에 대하여 조합은 해당 가압류 결정이 취소 또는 해제되기 전까지 매매대금을 지급을 거부하는 동시이행 항변을 주장하였으나, 법원은 동시이행의 범위는 소유권과 매매대금일뿐 소유권이전등기청구권에 대한 가압류 또는 압류와는 전혀 별개라는 이유로 조합의 동시이행항변을 받아들이지 않았던 것이다.

법원판단

원고가 피고 한국토지주택공사 사이에 2017. 2. 9. 이 사건 제2아파트에 관한 매매계약이 체결된 사실은 앞서 인정한 바와 같다. 피고 한국토지주택공사는, 매매대금을 지급받기 전까지는 원고의 소유권이전등기청구에 응할 수 없다고 동시이행의 항변을 한다.

매도청구권 행사로 인한 **부동산매매에서 시가 상당의 대금지급 의무와 소유권이전등기의무는 동시이행의 관계**에 있고, 위 매매계약 체결일인 2017. 2. 9. 기준 이 사건 제2아파트의 시가가 87,000,000원인 사실은 앞서 인정한 바와 같으므로, 특별한 사정이 없는 한, 피고 한국토지주택공사는 원고로부터 87,000,000원을 지급받음과 동시에 원고에게 이 사건 제2아파트에 관하여 2017. 2. 9.자 매매를 원인으로 한 소유권이전등기절차를 이행할 의무가 있다.

피고 한국토지주택공사는, 피고 C가 이 사건 제2아파트 분양계약에 기하여 피고 한국토지주택공사에 대하여 가지고 있는 소유권이전등기청구권을 F와 G가 가압류 또는 압류하였으므로, 위 가압류 및 압류가 해제되지 않은 상태에서는 원고의 소유권이전등기청구에 응할 수 없다는 취지의 항변도 한다. 소유권이전등기청구권에 대한 압류나 가압류는 채권에 대한 것이지 등기청구권의 목적물인 부동산에 대한 것이 아니고, 채무자와 제3채무자에게 그 결정을 송달하는 외에 현행법상 등기부에 이를 공시하는 방법이 없는 것으로서, 당해 채권자와 채무자 및 제3채무자 사이에만 효력이 있을 뿐 압류나 가압류와 관계가 없는 제3자에 대하여는 압류나 가압류의 처분금지적 효력을 주장할 수 없다.

원고는 위 **소유권이전등기청구권의 가압류 내지 압류에 관한 채무자나 제3채무자에 해당하지 않는 제3자에 불과**하므로, 제3자인 원고에 대하여 제3채무자인 피고 한국토지주택공사가 위 소유권이전등기청구권 가압류 내지 압류의 처분금지적 효력을 주장할 수는 없다. 따라서 피고 한국토지주택공사의 위 항변은 이유 없다(가압류의 해제를 조건으로 소유권이전등기청구를 인용하여야 한다는 법리는 소유권이전등기청구권 가압류의 채무자가 제3채무자를 상대로 소유권이전등기청구소송을 제기하였을 경우에 적용된다).

V. 매매가격 기준시기 및 시가의 의미

[매도청구권 행사/ 시가/ 개발이익 포함] 재건축사업의 매도청구소송에서 매매가격이 되는 '시가'는 개발이익을 포함한 가격이다(대법원 2014. 12. 11. 선고 2014다41698 판결)

> **판례해설**
>
> 매도청구권은 조합설립에 동의하지 않은 비조합원을 상대로 소유권이전을 요구하는 청구이다. 매도청구권을 행사하게 되면 시가에 의한 매매계약 체결이 성립하는 바, 판례는 '시가'의 개념을 노후되어 철거될 상태를 전제로 한 가격이 아니라 그 건물에 대해 재건축결의가 있었다는 것을 전제로 하여 구분소유권과 대지사용권을 일체로 평가한 가격, 즉 **재건축으로 인해 발생할 것으로 예상되는 개발이익이 포함된 가격**이라고 일관되게 판시하고 있다.
>
> 대상판결에서는 현재 토지의 현황이 도로라고 하더라도 개발된 이후에는 해당 토지의 현황은 도로로만 사용되는 것이 아니라 공동주택 등의 대지로도 사용될 수 있다고 보아, 단순히 도로로 보아 일반 대지의 1/3 정도로 감정평가를 한 것은 잘못이라고 판단하였다.

법원판단

1. 도시 및 주거환경정비법에 의한 주택재건축사업의 시행자가 같은 법 제39조 제2호에 의하여 토지만 소유한 사람에 대하여 매도청구권을 행사하면 그 매도청구권 행사의 의사표시가 도달함과 동시에 그 토지에 관하여 시가에 의한 매매계약이 성립하는바, 이때의 **시가는 매도청구권이 행사된 당시의 객관적 거래가격으로서, 주택재건축사업이 시행되는 것을 전제로 하여 평가한 가격, 즉 재건축으로 인하여 발생할 것으로 예상되는 개발이익이 포함된 가격**을 말한다(대법원 2009.3.26.선고 2008다21549,21556,21563판결 참조).

2. 가. 원심판결 이유에 의하면, 원심은, 이 사건 매도청구권의 대상인 피고들 소유의 이 사건 각 토지는 그 현황이 인근 주민의 통행에 제공된 도로 등으로서 이미 교환가치가 현저히 저감된 상태여서 이 사건 재건축사업구역에 편입된다는 사정만으로는 기존의 저감상태에서 벗어난다고 할 수 없다는 등을 이유로, **기준시점에서의 이 사건 재건축사업 시행으로 인한 지가변동분이 반영된 인근 대지의 가액을 3분의 1로 감액한 감정평가액을 기준으로 그 시가를 산정**하였다.

나. 그러나 위 법리에 비추어 보면, 이 사건 각 토지의 현황이 도로일지라도 주택재건축사업이 추진되면 공동주택 부지의 일부가 되는 이상 그 시가는 재건축사업이 시행될 것을 전제로 할 경우의 인근 대지의 시

가와 기본적으로 동일하게 평가하되, 다만 이 사건 각 토지의 형태, 주요 간선도로와의 접근성, 획지조건 등 개별요인들을 고려하여 감액평가하는 방법으로 산정하는 것이 타당하다고 할 것인바, 이와 달리 원심이 현황이 도로라는 이유만으로 인근 대지 가액의 3분의 1로 감액한 평가액을 기준으로 시가를 산정한 것은 매도청구권 행사에 있어 시가 산정에 관한 법리를 오해하여 판단을 그르친 것이다.

[도정법/ 매도청구권/ 시가 산정의 기준] 집합건물법에 의하여 재건축 결의가 있은 후 재건축 불참자에 대하여 매도청구권이 행사된 경우 그 시가의 기준은 매도청구권이 행사된 당시를 기준으로 한다(대법원 1996. 1. 23. 선고 95다38172 판결)

> **판례해설**
>
> 재건축 사업이 진행되는 동안 재건축에 동의하지 않은 사람들은 자신 소유 토지등에 대하여 매도하여야 하는데, 문제는 그 가격이다.
>
> 대상판결은 매도청구권이 행사된 경우 소유권 등의 시가는 매도청구권이 행사된 당시를 기준으로 하는바 거기에는 개발이익이 포함되는 것으로 판단하였고 더 나아가 그 감정기준에 관하여 자세하게 설시하고 있다.

법원판단

집합건물에 관하여 집합건물의소유및관리에관한법률 제47조 소정의 재건축 결의가 있은 후 그 재건축에 참가하지 않은 자에 대하여 같은 법 제48조 제4항에 의한 매도청구권이 행사되면, 그 매도청구권 행사의 의사표시가 도달함과 동시에 재건축에 참가하지 않은 자의 구분소유권 및 대지사용권에 관하여 시가에 의한 매매계약이 성립하게 되는 것인바, **이 때의 시가란 매도청구권이 행사된 당시의 구분소유권과 대지사용권의 객관적 거래가격으로서, 노후되어 철거될 상태를 전제로 한 거래가격이 아니라 그 건물에 관하여 재건축 결의가 있었다는 것을 전제로 하여 구분소유권과 대지사용권을 일체로 평가한 가격, 즉 재건축으로 인하여 발생할 것으로 예상되는 개발이익이 포함된 가격을 말한다고 할 것이다.**

기록에 의하면, 서울 용산구 이촌동 301의 58 외 10필지 지상에 건립된 공무원아파트 11개 동의 구분소유권자들이 1989. 8. 9. 원고 명의로 재건축조합 설립인가를 받아 재건축사업을 추진하다가 1994. 1. 30. 사업승인을 받기에 이르렀는데, 원고는 위 재건축에 참가하지 아니한 피고에 대하여 1993. 12. 2. 매도청구권을 행사한 사실, **제1심 감정인 이행부는 매도청구권이 행사된 시점에서의 피고 소유의 이 사건 아파트에 대한 시가를 감정함에 있어서, 먼저 그 대지사용권과 구분소유권의 가격을 원가방식에 의하여 산정한 후, 재건축이 추진되거나 진행 중에 있**

는 인근아파트의 거래 사례를 분석하고 그 거래 사례와 이 사건 아파트와의 지역 요인과 개별 요인을 비교한 다음, 이 사건 아파트의 재건축으로 인하여 발생할 것으로 예상되는 개발이익을 산정하여, 그 산정된 개발이익을 원가방식에 의하여 산정한 위 대지사용권과 구분소유권의 가격에 더하는 방법으로 평가하였음을 알 수 있는바, 위와 같은 방식에 의한 시가 산정은 집합건물의소유및관리에관한법률이 매도청구권을 인정한 취지에 비추어 합리성이 있는 것으로 수긍할 수 있으므로, 위 감정결과를 채택하여 시가를 금 150,000,000원으로 인정한 원심판결에 논하는 바와 같은 위법이 있다고 볼 수 없다. 논지는 모두 이유가 없다.

[재개발·재건축/ 감정평가의 기준] 매도청구권 행사시 시가 감정을 위한 감정평가의 기준에 관한 법원의 태도(대법원 2014. 12. 11. 선고 2012두1570 판결)

> **판례해설**
>
> 조합의 매도청구권 행사로 인한 결과로 부동산에 대한 매매계약이 체결되고, 해당 매매계약의 대금은 시가를 기준으로 결정되는바, 법원에서는 이를 결정하는 데에 있어서 법원감정이라는 방법을 이용한다.
>
> 대상판결은 법원에서 감정 절차를 진행할 경우 감정과 관련된 법리를 구체적으로 설시한 판례이다.

법원판단

[1] 감정은 법원이 어떤 사항을 판단하기 위하여 특별한 지식과 경험을 필요로 하는 경우 판단의 보조수단으로 그러한 지식이나 경험을 이용하는 데 지나지 아니하는 것이므로, 보상금의 증감에 관한 소송에서 동일한 사실에 관하여 상반되는 여러 개의 감정평가가 있고, 그 중 어느 하나의 감정평가가 오류가 있음을 인정할 자료가 없는 이상 법원이 각 감정평가 중 어느 하나를 채용하거나 하나의 감정평가 중 일부 만에 의거하여 사실을 인정하였다 하더라도 그것이 논리나 경험의 법칙에 반하지 않는 한 위법하다고 할 수 없다. 그리고 손실보상금 산정을 위한 감정평가 중 어느 한 가지 점이라도 위법사유가 있으면 그것으로써 감정평가결과는 위법하게 되나, 감정평가가 위법하다고 하여도 법원은 그 감정 내용 중 위법하지 않은 부분을 추출하여 판결에서 참작할 수 있다.

[2] 법원감정인이 채택한, 통상적으로 거래가 될 만한 표준적인 획지로 분할하는 상황을 가정하여 획지조건 수치를 산정하는 방법(이하 '분할 산정방식'이라 한다)은 분할된 상태를 전제로 가격요인 전반을 평가하는 것이 아니라 개별요인 중 획지조건을 평가하면서 비교표준지와 우열의 정도를 수치상으로 객관화시키는 과정에 불과하고, 광평수(廣坪數)의 농지는 정상적인 시장에서 수요와 공급에 따른 적정가격의 형성이 어렵다는 점을 고려할 때 이러한 평가 방법 자체가 위법하다고 볼 수는 없다. 그리고 분할 산정방식에 따라 획지조건을 평가하는 경우에 토지

를 표준적인 획지규모로 분할하기 위해 필요한 도로나 수로 부지도 여전히 수용대상이라는 점을 고려하여야 한다.

[3] 감정평가가 위법하다고 하여도 법원은 그 감정내용 중 위법하지 않은 부분을 추출하여 판결에서 참작하는 등 정당한 손실보상액을 스스로 산정할 수 있으나, 이러한 **직권 보정방식은 객관성과 합리성을 갖추고 논리나 경험의 법칙에 반하지 않는 범위 내에서만 허용되는 것이**므로, 감정평가에 위법이 있다면 법원으로서는 적법한 감정평가방법에 따른 재감정을 명하거나 감정인에게 사실조회를 하여 보는 등의 방법으로 석명권을 행사하여 충분한 심리를 거치는 것이 타당하다.

[매도청구/ 현금청산대상/ 감정평가 관련] 법원에서 진행한 감정평가는 가급적 존중되어야 한다(청주지방법원 2018가합4229 사건)

법원판단

1. 감정평가액의 적정 여부에 대한 피고 E, 피고 F, 피고 J의 주장에 관한 판단

가. 관련 법리
도시정비법에 따라 사업시행자가 분양대상에서 제외된 사람에 대하여 지급하는 청산금은 **노후되어 철거된 상태를 전제로 한 거래가격이**

아니라 그 건물에 관하여 재건축 결의가 있었다는 것을 전제로 하여 구분소유권과 대지사용권을 일체로 평가한 가격, 즉 재건축으로 인하여 발생할 것으로 예상되는 개발이익이 포함된 가격을 기준으로 산정되어야 한다(대법원 2009. 3. 26. 선고 2008다21549 판결, 대법원 1996. 1. 23. 선고 95다38172 판결 등 참조).

한편 법원의 촉탁에 의한 감정인이 전문적인 학식과 경험을 바탕으로 한 감정 과정을 거쳐 제출한 감정결과는 그 과정에서 상당히 중한 오류가 있다거나 상대방이 그 신빙성을 탄핵할 만한 객관적인 자료를 제출하지 않는다면 감정 과정 등에서 있을 수 있는 사소한 오류의 가능성을 지적하는 것만으로 이를 쉽게 배척할 수 없고, **감정인의 감정평가 결과는 감정 방법 등이 경험칙에 반하거나 합리성이 없는 등의 현저한 잘못이 없는 한 이를 존중하여야 한다**(대법원 2009. 7. 9. 선고 2006다67602, 67619 판결 등 참조).

나. 판단

살피건대, 앞서 본 증거들에 변론 전체의 취지를 보태어 인정할 수 있는 다음 각 사실 및 사정들에 비추어 보면, 이 사건 각 부동산에 관한 P의 감정평가 결과가 적정함을 인정할 수 있고 달리 위 감정평가 결과에 오류가 있다거나, 경험칙에 반하거나 합리성이 없다고 인정할 증거가 없다. 따라서 위 피고들의 이 부분 주장은 이유 없다.

① 감정평가인 P는 피고 E 소유의 이 사건 제2 부동산에 관하여, 위 부동산은 구분건물로서 토지와 건물이 일체로 거래되는 시장 관행을 반영하여 감정평가에 관한 규칙 제16조에 따라 인근지역 내 유사한 부동산의 일반적인 거래사례와 위치, 입지조건, 부근상황 및 건물의 구조, 용재, 시공상태, 설비상태, 층별, 향별, 위치별, 효용성 등 제반 가격형성요인을 종합 참작하여 대지권인 토지와 건물을 일체로 감정평가하는 거래사례 비교법에 의하여 감정평가하였고, 비교사례를 선정함에 있어 위치적 유사성이 있고, 용도지역, 이용상황 등에서 물적 유사성이 있어 가치형성요인의 비교가 가능한 사례를 비교사례로 선정하고, 피고 E 소유의 위 부동산의 경우 구분건물로서 지가변동률에 의한 시점수정이 적절치 않으므로 S협회 감정평가기준위원회의 권장 기준에 따라 한국감정원에서 발표하는 유형별 매매가격지수를 적용하여 시점을 수정하였으며(비교사례가 현장조사 시 조사된 인근지역의 시세수준과 부합하는 등 정상적인 사례로 판단하여 사정보정은 하지 아니함), 가치형성요인을 비교함에 있어 기타요인으로서 '재건축사업 진행 등'을 우세요인으로 평가하여 감정하였다.

② 또한 비록 청주지방법원 Q 부동산 강제경매 사건에서 같은 감정평가인이 같은 지번에 있는 동일한 연립주택에 관하여 감정평가를 실시하였다 하더라도 기준시점이 6개월 이상 차이가 나고, **인근 거래사례 및 감정평가 전례 대상 부동산이 모두 R연립 공동주택이라 하더라도 그 동·호수 및 거래 시점에 차이가 있으며, 피고 E 소유 부동산과 위 경매대**

상 부동산은 길 건너편 서로 다른 단지에 속한 연립주택으로 건축시기가 크게 다르다.

④ 또한 위 각 부동산 중 각 건물 부분에 관하여는 관계법령과 감정평가 일반이론에 의거하여 구조, 사용자재, 시공정도, 부대설비 및 관리상태 등을 종합적으로 참작하여 '원가법'을 주된 방법으로 적용하되, 건물의 경우 거래사례의 포착이나 수익환원법의 적용이 어려운 점 등을 감안하여 다른 감정평가방법에 의한 합리성 검토는 생략하고, 위 각 건물은 내용년수가 만료된 건물로 현재의 관리상태 등을 고려하여 '관찰감가법'을 병용하는 방법으로 감정평가하였다.

[재건축조합/매도청구/시간감정] 시가 감정과 관련된 피고 주장에 대한 최근 구체적 판례 사안(서울고등법원 2018나2064833 소유권이전등기)

법원판단

가. 피고의 주장

제1심 감정인의 이 사건 토지에 관한 1차 감정 결과(제1심법원은 감정인의 1, 2차 감정 결과 중 1차 감정 결과에 따라 이 사건 토지의 시가를 산정하였다)는 대상토지의 우월한 입지조건이나 이용현황, 주변환경에 대한 평가를 누락하거나 온전하게 하지 못함으로써 적정한 시가를 반영하지 못하였을 뿐 아니라, 개발이익도 적정하게 반영하지 않은 것이므로, 이를 기초로 이 사건 토지의 시가를 산정한 것은 부당하다[피고는 그 부당성에 대한 근거로서, ① 비교표준지의 공시기준일과 그 밖의 요인 보정을 위해 선정한 비교거래사례의 거래시점이 원고의 조합설립인가일 이전이어서 조합설립 인가로 인한 개발이익이 반영되지 않은 점, ② 이 사건 토지와 이용현황이나 주변환경이 유사하지 않은 비교표준지를 선정하였고, 비교표준지와 이 사건 토지와의 개별요인(가로조건, 접근조건, 환경조건 등) 비교 과정에서도 그 차이를 적절히 반영하지 않은 점, ③ 공시지가 기준법에 따른 그 밖이 요인 보정을 위해서는 개발이익이 충분히 반영될 수 있는 비교거래사례를 선정하여야 함에도 그렇지 않은 거래사례를 채택한 점, ④ 거래사례 비교법 등 다른 평가방법을 적용한 시산가액과의 비교를 통한 합리성 검토가 이루어지지 않은 점 등을 들고 있다].

나. 판단

1) **도시정비법에 의한 매도청구에 따른 매매대금으로서의 시가**란 **매도청구권이 행사된 당시의 토지나 건물의 객관적 거래가격**으로서, 노후 되어 철거될 상태를 전제로 하거나 주택재건축사업이 시행되지 않은 현재의 현황을 전제로 한 거래가격이 아니라 그 토지나 건물에 관하여 주택재건축사업이 시행된다는 것을 전제로 하여 토지나 건축물을 평가한 가격, 즉 **재건축으로 인하여 발생할 것으로 예상되는 개발이익이 포함된 가격**을 말한다(대법원 2009. 3. 26. 선고 2008다21549, 21556,

21563 판결 등 참조).

동일한 사항에 관하여 상이한 수 개의 감정 결과가 있을 때 그중 하나에 의하여 사실을 인정하였다면 그것이 경험칙이나 논리 법칙에 위배되지 않는 한 적법하다(대법원 2002. 9. 24. 선고 2002다30275 판결, 대법원 2010. 5. 27. 선고 2010다6659 판결 등 참조).

2) 앞서 인정한 사실관계와 앞서 든 증거 및 피고가 이 법원에 제출한 증거(을2~20호증의 기재)에 변론 전체의 취지를 종합하여 알 수 있는 아래와 같은 사정에 비추어 보면, 제1심 감정인(이하 '감정인'이라 한다)의 1차 감정 결과는 이 사건 토지의 객관적 거래가격으로서 재건축으로 인한 개발이익을 충분히 반영한 것으로 보이고, 달리 그 감정 방법 등이 법령 또는 경험칙에 반하거나 합리성이 없는 등 현저한 잘못이 있어 부당하다고 할 수 없다. 따라서 피고의 위 주장은 받아들이지 않는다.

① 비교표준지(C 토지)의 공시기준일(2016. 1. 1.)과 그 밖의 요인 보정을 위해 선정된 비교거래사례(위 C 토지)의 거래시점(2016. 3. 7.)이 원고의 조합설립 인가일(2016. 6. 1.)이전이라고 하더라도, 비교표준지의 공시가격과 비교거래사례의 매매가격은 그 시점까지 이 사건 사업의 진행 정도에 따라 구체화되는 개발이익이 반영된 것이고, 감정인은 이를 토대로 해당 지역의 지가변동률을 적용하여 시점수정 등을 함

으로써 조합설립 인가 이후의 개발이익까지 반영하여 매매계약 성립일(2016. 10. 13.)을 기준으로 이 사건 토지의 가격을 평가한 것이므로, 비교표준지의 공시기준일과 비교거래사례의 거래시점이 원고의 조합설립 인가일 전이라는 사유만으로 감정인의 1차 감정결과에 조합설립 인가 이후의 개발이익이 반영되지 않았다고 할 수는 없다.

② 이 사건 토지와 비교표준지는 모두 이용상황이 단독주택 부지이고, 위치 역시 주택지대에 있어 서로 유사한 점이 많으므로, 감정인의 비교표준지 선정에 별다른 잘못이 있다고 보이지 않는다. 또한 여러 개별요인(가로조건, 접근조건, 환경조건 등)의 비교를 통하여 전체적으로 이 사건 토지가 비교표준지보다 1.018 정도의 비교우위에 있다고 평가한 것도 경험칙에 반하거나 합리성이 없다고 보기 어렵다(이에 관하여 피고가 내세우는 사정들은 토지의 수많은 가격형성 요인들 중 특정한 일부 요소만을 강조하는 것이다).

③ 감정인이 C 토지를 비교표준지로 선정하면서 위 토지에 관한 2016. 3. 7. 자 거래가격을 비교거래사례로 삼았다고 하더라도 그 자체가 잘못이라고 할 수는 없고(오히려 비교표준지 자체의 거래사례를 비교거래사례로 삼는 것이 오차를 줄일 수 있다), 비교거래사례의 거래시점이 반드시 조합설립 인가일(2016. 6. 1.)이후이어야 하는 것도 아니다. 조합설립 인가일 이후인 2016. 9. 30. 거래된 D 토지를 비교거래사례로 선정하였던 2차 감정 결과가 1차 감정 결과보다 오히려 그 감정평가액이 더 낮았던 점에 비추어 보더라도, 1차 감정 당시 비교거래사례를 잘못 선정하였다거나 그로 인하여 개발이익이 충분히 반영되지 않았다

고 보이지 않는다(감정인이 2차 감정 과정에서 D 토지의 거래가격에 반영되어 있던 개발이익을 의도적으로 배제하는 등 자의적인 평가를 하였다고 볼 만한 근거도 없다).

④ **감정인이 1차 감정 당시 공시자가 기준법에 따라 가액을 산정하면서 거래사례 비교법 등 다른 감정 방법을 적용한 시산가액과 비교하여 합리성을 검토하는 절차를 생략한 것은 사실이나, 감정인이 1차 감정서에 적시한 바와 같이 그 밖의 요인 보정 과정에서 인근의 정상적인 거래가액을 반영하는 방법으로 합리성을 고려하였으므로, 별도의 시산가액 비교 절차를 거치지 않았다는 사정만으로 그 감정 결과의 신뢰성이 훼손될 정도에 이르렀다고 보이지는 않는다.**

02

권형필 변호사의
재개발·재건축 조합 분쟁 사례 시리즈

02.
현금청산

Ⅰ. 현금청산 대상자 성립요건

도정법 제73조(분양신청을 하지 아니한 자 등에 대한 조치) ① 사업시행자는 관리처분계획이 인가·고시된 다음 날부터 90일 이내에 다음 각 호에서 정하는 자와 토지, 건축물 또는 그 밖의 권리의 손실보상에 관한 협의를 하여야 한다. 다만, 사업시행자는 분양신청기간 종료일의 다음 날부터 협의를 시작할 수 있다.
1. 분양신청을 하지 아니한 자
2. 분양신청기간 종료 이전에 분양신청을 철회한 자
3. 제72조제6항 본문에 따라 분양신청을 할 수 없는 자
4. 제74조에 따라 인가된 관리처분계획에 따라 분양대상에서 제외된 자
② 사업시행자는 제1항에 따른 협의가 성립되지 아니하면 그 기간의 만료일 다음 날부터 60일 이내에 수용재결을 신청하거나 매도청구소송을 제기하여야 한다.
③ 사업시행자는 제2항에 따른 기간을 넘겨서 수용재결을 신청하거나 매도청구소송을 제기한 경우에는 해당 토지등소유자에게 지연일수(遲延日數)에 따른 이자를 지급하여야 한다. 이 경우 이자는 100분의 15 이하의 범위에서 대통령령으로 정하는 이율을 적용하여 산정한다.

재건축 현금 청산 절차
관리처분계획 인가·고시 다음날부터 각호 사유에 해당하는 자와 90일 동안 협의 => 협의 결렬시 60일 이내 매도청구소송 제기 = 60일 도과되어 매도청구소송 제기시 가산금 지급여지 있음

> **재개발 조합 현금청산 절차**
>
> 관리처분계획 인가·고시 다음날부터 각호 사유에 해당하는 자와 90일 동안 협의 => 협의 결렬시 60일 이내 토지 수용위원회에 수용 재결신청 (토지보상법 준용되지만 별도로 협의 취득 절차를 거칠 필요는 없음) => 토지수용위원회가 재결하면 수용의 효과 발생 => 수용 또는 사용개시일까지 재결 금액 공탁하면 소유권 취득 (재결금액 미공탁시 재결효력 상실)

[현금청산/ 분양신청 철회 의사] 분양신청기간이 경과된 이후 임의로 분양신청을 철회한 자는 도정법에서 규정하는 분양신청기간 종료 전에 분양신청을 철회한 자와 동일하게 볼 수 없다(대법원 2013. 7. 11. 선고 2013다13023 판결).

판례해설

조합원으로서 분양신청을 한 자가 신청을 철회하는 경우 그 철회의 의사는 분명하여야 하고, 그렇지 않을 경우 그 철회 의사는 인정될 수 없다. 더 나아가 분양신청기간 종료 후 임의로 분양신청을 철회한 토지 등소유자는 도정법 73조 제1항 제2호 소정의 '분양신청을 철회한 자'로 볼 수 없다.

즉, '분양신청을 철회한 자'라고 함은 <u>**분양신청기간 내에 분양신청을 하였으나 그 기간이 종료되기 전에 이를 철회**</u>함으로써 현금청산대상자가 된 자를 가리킬 뿐이고, 분양신청기간 종료 이후에 임의로 분양신청을 철회한 자는 해당하지 않는다.

다만 대상판결은 조합이 분양신청기간 종료 이후라도 토지등소유자에게 분양신청을 철회할 기회를 주는 것은 가능하며, 조합에서 정한 기간 내에 명확한 의사표시를 통해 분양신청을 철회하게 되면 현금청산대상자가 될 수 있다는 점을 인정하고 있다.

그러나 당해 사안에서는 조합이 여러 사정으로 인하여 조합원들에게 분양계약체결 자체를 요구하지 아니하였는데, 정관 규정상 분양계약체결기간 내에 분양계약체결이 이루어지지 않았다는 이유만으로는 현금청산대상자가 되지는 않는다고 보았다. 즉 조합이 분양신청기간 종료 후에 철회의 기회를 준 경우에는 그 기간 안에 철회의 명확한 의사표시를 요하므로 주의할 필요가 있다.

법원판단

가. 원심은 그 채택 증거를 종합하여, 원고는 2011. 4. 7.부터 이 사건 정비사업에 관한 관리처분계획인가 신청일 이전인 2011. 6. 7.까지 분양신청의 철회를 희망하는 조합원 약 40명으로부터 분양신청철회서와 인감증명서를 교부받아 위 조합원들을 현금청산대상자로 분류한 후 지방토지수용위원회에 수용재결을 신청하는 등으로 현금청산을 마친 사실, 피고 1은 2011. 7. 7.자 및 2011. 7. 19.자 내용증명 우편물 등을 통해 영업보상에 관한 불만을 제기하면서 이에 관한 대책을 세워주지 않으면 조합을 탈퇴하겠다는 취지의 의사표시를 한 사실, 피고 2는 2011.

3. 16.자 내용증명 우편물 등을 통해 조합에서 탈퇴하겠으니 자신의 주택에 대한 사업계획은 철회하여 달라는 취지의 의사표시를 한 사실 등을 인정한 다음, 원고는 분양신청의 철회를 희망하는 조합원들로부터 관리처분계획인가 신청일 이전까지 미리 준비된 양식의 분양신청철회서와 인감증명서를 교부받아 위 조합원들의 분양신청 철회를 받아들였는데, 피고들에게도 그와 같은 절차가 미리 고지된 것으로 보이는 점, 사업시행자는 분양신청의 현황을 기초로 관리처분계획을 수립하여 그 인가를 신청하는데, **분양신청의 철회는 관리처분계획의 수립 및 조합원들의 권리관계에 영향을 미치므로 그에 관하여는 확정적이고 명확한 의사표시가 필요한 점**, 피고들의 위 각 내용증명 우편물 등에 분양신청을 무조건 철회하겠다는 명백한 의사표시의 기재는 없는 점 등의 사정을 들어 피고들의 위 각 의사표시는 원고에 대하여 분양신청을 철회하는 의사를 확정적으로 명확하게 표시한 것으로 볼 수 없다고 판단하였다.

나. 구 도시 및 주거환경정비법(2012. 2. 1. 법률 제11293호로 개정되기 전의 것, 이하 '구 도시정비법'이라 한다) 제47조 제2호에 따르면, **사업시행자는 분양신청을 철회한 토지 등 소유자에 대하여는 '그 해당하게 된 날'부터 150일 이내에 대통령령이 정하는 절차에 따라 토지·건축물 또는 그 밖의 권리에 대하여 현금으로 청산**하여야 하는데, **여기에서 말하는 '분양신청을 철회한 자'라고 함은 분양신청기간 내에 분양신청을 하였으나 그 기간이 종료되기 전에 이를 철회함으로써 같은 조 제1호의 분양신청을 하지 아니한 자와 마찬가지로 관리처분계획의 수립과정에**

서 현금청산대상자가 된 자를 가리킬 뿐, **분양신청을 한 토지 등 소유자가 분양신청기간이 종료된 후에 임의로 분양신청을 철회하는 것까지 당연히 허용되어 그에 따라 위에서 말하는 분양신청을 철회한 자에 해당하게 된다고 볼 수 없다**(대법원 2011. 12. 22. 선고 2011두17936 판결 참조).

원심은, 원고의 정관 제44조 제4항이, 조합은 **조합원이 '분양신청을 철회한 자' 등에 해당하는 경우에는 그 해당하게 된 날부터 150일 이내에 건축물 등에 대하여 현금으로 청산한다고 규정하고 있는 사실을 인정**한 후, 피고들의 주장에 의하더라도 피고들은 분양신청기간이 종료된 후에 분양신청을 철회하였다는 것이므로, 피고들은 현금청산대상자인 '분양신청을 철회한 자'에 해당한다고 볼 수 없다고 판단하였다.

다. 사업시행자의 정관이나 관리처분계획에서 조합원들에 대하여 분양신청기간 종료 후 일정한 기간 내에 분양계약을 체결할 것을 요구하면서 그 기간 내에 분양계약을 체결하지 아니한 자에 대하여는 그 권리를 현금으로 청산한다는 취지를 정한 경우, 이는 사업시행자가 조합원이었던 토지 등 소유자에 대하여 해당 기간에 분양계약의 체결을 거절하는 방법으로 사업에서 이탈할 수 있는 기회를 추가로 부여한 것으로 볼 수 있고, **이에 따라 당초 분양신청을 했음에도 분양계약을 체결하지 아니함으로써 추가로 현금청산의 대상이 된 자에 대한 사업시행자의 청산금 지급의무는 '분양계약체결기간의 종료일 다음날' 발생하는 것으**

로 보아야 하지만(대법원 2011. 12. 22. 선고 2011두17936 판결 등 참조), 한편 위와 같은 정관조항은 조합이 조합원들에게 분양계약체결을 요구하는데도 그 분양계약체결 의무에 위반하여 분양계약을 체결하지 아니한 조합원을 현금청산대상자로 한다는 의미로 해석하는 것이 타당하고, 조합이 사업 진행상 여러 가지 사정으로 조합원들에게 분양계약체결 자체를 요구하지 아니한 경우에도 그 규정에 따라 분양계약체결기간 내에 분양계약체결이 이루어지지 않았다고 하여 모든 조합원들이 현금청산대상자가 된다고 볼 것은 아니다(대법원 2012. 5. 9. 선고 2010다71141 판결 참조).

원심은, 원고의 정관 제44조 제5항이 '조합원은 관리처분계획인가 후 60일 이내에 분양계약체결을 하여야 하며 분양계약체결을 하지 않는 경우 현금청산 규정을 준용한다'고 규정하고 있었던 점, 원고가 이 사건 정비사업이 전반적으로 지연되어 관리처분계획인가 후 60일 이내에 피고들을 비롯한 조합원들에게 분양계약체결 자체를 요구하지 못하였고 그에 따라 조합원들과 사이에 분양계약이 전혀 체결되지 못한 점, 이에 원고는 위 정관규정 중 '관리처분계획인가 후 60일 이내'를 '관리처분계획인가 후 조합에서 정한 기간 이내에'로 변경하고 영등포구청장으로부터 그 인가를 받은 점 등에 비추어 보면, 원고와 피고들 사이에 관리처분계획인가 후 60일 이내에 분양계약이 체결되지 않았다는 사유만으로 피고들이 현금청산대상자가 되었다고 볼 수 없다고 판단하였다.

[재건축조합/ 현금청산자 확정시기/ 매매계약 성립의제 되는 날] 조합에서 분양 신청 기간 종료 후 재차 분양신청기회를 부여하였다면 그 기간을 기준으로 현금청산대상자 지위를 결정하여야 한다(대법원 2013. 9. 26. 선고 2011다16127 판결)

판례해설

당초 조합설립에 동의를 했던 조합원이라고 한다면 추후 새로운 재건축 결의에 대하여 동의를 하지 않았다고 하더라도 조합원이 아니라고 판단할 수 없고 추후 분양신청을 하지 않을 경우 비로소 조합원의 지위를 상실하고 현금청산자의 지위를 갖게 된다.

다른 한편 재건축 조합이 부여한 분양신청 기간에 분양신청을 하지 않은 조합원이라고 하더라도 추후 재차 분양신청 기회를 부여하였다면 그 이후의 절차 즉 재차 부여된 분양신청 기간 동안에 분양신청을 하였는지 여부에 따라 현금청산자의 지위가 확정될 수 있다.

더 나아가 분양신청 기간 종료일을 기준으로 ① 조합원은 현금청산자가 되고 그에 더하여 ② 소유권 이전에 대한 매매계약 체결이 간주되며 ③ 그 일자를 기준으로 현금 청산 액수를 정하게 되므로 분양신청 기간 종료일은 법적으로 중요하다.

법원판단

1. 주택 재건축사업의 사업시행자인 재건축조합은 관할 행정청의 조합설립인가와 등기에 의해 설립되고, 조합 설립에 대한 토지 등 소유자의 동의(이하 '조합설립결의'라고 한다)는 조합설립인가처분이라는 행정처분을 하는 데 필요한 절차적 요건 중 하나에 불과한 것이므로, **조합설립결의에 하자가 있더라도 그로 인해 조합설립인가처분이 취소되거나 당연무효로 되지 않는 한 재건축조합은 여전히 사업시행자로서의 지위**를 갖게 되고, 또한 도시 및 주거환경정비법(이하 '도시정비법'이라고 한다)이 시행된 후에는 조합설립결의, 조합설립변경 결의, 사업시행계획이나 관리처분계획 등에 의하지 아니한 '재건축결의'가 있다고 하여 곧바로 조합원에게 권리변동의 효력을 미칠 수 없는 것이어서, 그와 같은 재건축결의는 사업시행계획 결의 등과 별도의 독자적인 의미를 가지지 아니한다. 따라서 재건축조합이 조합설립인가 전의 조합설립결의에 하자가 있다는 주장에 대비하여 당초 결의를 보완하는 취지의 새로운 재건축결의를 하는 과정에서 당초 조합설립에 동의하였던 토지 등 소유자들이 새로운 재건축결의에 동의하지 아니하였다고 하더라도 그러한 사정만으로 그 토지 등 소유자들이 새삼 '조합설립에 동의하지 아니한 자'에 해당하게 된다거나 조합원의 지위를 상실한다고 볼 것은 아니다(대법원 2011. 1. 13. 선고 2010다57824 판결 참조).

다만 조합원이 분양신청을 하지 아니하거나 철회하는 등 도시정비법

제47조와 조합 정관에서 정한 요건에 해당하여 **현금청산 대상자가 된 경우**에는 조합원 지위를 상실하게 되어(대법원 2010. 8. 19. 선고 2009다81203 판결 참조), 조합탈퇴자에 준하는 신분을 가지는 것이므로, 매도청구에 관한 도시정비법 제39조를 준용하여 재건축조합은 현금청산 대상자를 상대로 정비구역 내 부동산에 관한 소유권이전등기를 청구할 수 있다(대법원 2010. 12. 23. 선고 2010다73215 판결 참조). 이러한 경우 현금청산 대상자에 대한 청산금 지급의무가 발생하는 시기는 특별한 사정이 없는 한 사업시행자가 정한 '**분양신청기간의 종료일 다음날**'이라고 하여야 할 것이지만(대법원 2008. 10. 9. 선고 2008다37780 판결 참조), 분양신청기간을 전후하여 재건축조합과 조합원 사이에 분쟁이 있어서 조합원이 분양신청을 할 수 없었던 경우에는 **그 후 추가로 분양신청을 할 수 있게 된 조합원이 최종적으로 분양신청을 하지 않는 등의 사유로 인하여 분양대상자의 지위를 상실하는 때에 현금청산 대상자가 된다**고 봄이 상당하고, **현금청산에 따른 토지 등 권리의 가액을 평가하는 기준시점과 현금청산 대상자에 대한 매도청구권의 행사로 매매계약의 성립이 의제되는 날도 같은 날**로 보아야 한다. 그와 같이 보는 이상 위 매도청구권의 행사에 관하여는 그 최고절차 및 행사기간에 대하여 도시정비법 제39조에서 준용하는 집합건물의 소유 및 관리에 관한 법률 제48조의 규율이 없다.

2. 원심이 인용한 제1심판결 이유 및 기록에 의하면, 소외인은 원고 조합 설립에 관한 제1차 재건축결의에 동의하였고, 원고 조합은 2000.

2. 11. 관할 행정청으로부터 재건축조합 설립인가를 받은 사실, 피고는 2001. 12. 28. 위 소외인으로부터 아파트를 매수하여 소유권이전등기를 마쳤고, 그 후 2005. 10.경 원고 조합이 재건축결의 동의서 양식을 새로이 작성하여 제2차 재건축결의를 하였으나 피고는 제2차 재건축결의에 동의하지 아니한 사실, 피고는 분양신청기간 중이던 2006. 6.경 분양신청서를 제출하였으나 원고 조합은 피고가 제명당하여 조합원이 아니라는 이유로 이를 반려한 사실, 그 후 원고 조합이 피고를 상대로 제명에 따른 매도청구권 행사 또는 신탁을 원인으로 한 소유권이전등기 절차의 이행을 구한 사건에서 2009. 7. 16. 원고의 청구를 기각하는 항소심판결이 선고되자, 원고 조합은 2009. 9. 3. 피고에게 추가로 재건축에 참가할 것인지를 최고하였고, 이에 대하여 재건축에 참여하지 않겠다는 취지의 피고의 답변서가 2009. 10. 27. 원고에 도달한 사실, 원고 조합이 피고에 대하여 도시정비법 제39조의 매도청구권을 행사한다는 취지의 이 사건 소장을 제1심법원에 제출하였고, 2009. 11. 9. 이 사건 소장이 피고에게 송달된 사실을 알 수 있다.

위 사실관계를 앞서 본 법리에 비추어 보면, 소외인은 제1차 재건축결의에 동의하고 원고 조합이 조합설립인가를 받음으로써 조합원의 지위를 취득하였고, 피고는 소외인으로부터 조합원 지위를 승계하였다고 할 것이며, 그 후 피고가 제2차 재건축결의에 동의하지 않았다는 사정만으로는 조합원의 지위를 상실하지 아니한다. 다만 **분양신청기간을 전후하여 원고 조합과 피고 사이에 분쟁이 있어서 피고가 분양신청을 할**

수 없었던 사정이 있었고, 그 후 원고 조합이 피고에게 추가로 재건축에 참여할 기회를 제공하였음에도 피고가 이를 최종 거절하였으므로, 이 때 비로소 피고는 원고 조합의 조합원 지위를 상실하여 현금청산 대상자에 해당하게 되고, 원고 조합의 위와 같은 매도청구에 기하여 현금청산 대상자인 피고는 원고로부터 청산금을 지급받음과 동시에 원고에게 이 사건 부동산에 관하여 2009. 10. 27. 매매를 원인으로 한 소유권이전등기절차를 이행할 의무가 있다고 할 것이다.

그렇다면 원심이, 피고가 조합 설립에 동의하지 않는 자로서 도시정비법 제39조에 따른 매도청구권의 행사 대상이 된다고 본 전제에서는 잘못된 것이나, 현금청산 대상자가 된 피고에 대하여는 도시정비법 제39조를 준용하여 매도청구권을 행사할 수 있고, 위 매도청구권의 행사에 관하여는 그 최고절차 및 행사기간에 대하여 도시정비법 제39조에서 준용하는 집합건물의 소유 및 관리에 관한 법률 제48조의 규율이 없으므로, 피고에 대하여 원고로부터 청산금을 지급받음과 동시에 원고에게 이 사건 부동산에 관한 소유권이전등기절차를 이행할 것을 명한 결론에 있어서는 정당하고, 거기에 상고이유의 주장과 같이 논리와 경험의 법칙을 위반하고 자유심증주의 한계를 벗어나 사실을 잘못 인정하거나 도시정비법상 매도청구권의 행사시기에 관한 법리를 오해하여 판결에 영향을 미친 위법이 없다.

[분양신청기간 도과/ 신청 철회자/ 현금청산대상자] 분양신청기간 도과

이후 분양신청을 철회한 자는 통상 분양신청 철회자로 볼 수 없으나 정관에 특별히 규정되어 있는 경우 현금청산자로 볼 수 있다(대법원 2014. 8. 26. 선고 2013두4293 판결).

> **판례해설**
>
> <u>분양신청 기간 내</u>에 분양신청을 하지 않거나 분양신청을 철회한 자에 대해서는 도정법은 현금청산자로 규정하고 있고, **분양신청 기간 종료 이후 분양신청을 철회한 자**에 대해서는 현금청산자의 지위를 인정하고 있지 않지만 위와 같은 규정의 취지를 고려할 때 정관에 특별히 분양신청 기간 이후 철회자에 대하여 현금청산자로 볼 수 있는 규정이 있을 경우 해당 조합원은 현금청산자의 지위를 가질 수 있다.

법원판단

구 도시 및 주거환경정비법(2012. 2. 1. 법률 제11293호로 개정되기 전의 것, 이하 '도시정비법'이라 한다) 제47조 제2호에 따르면 주택재개발정비사업의 사업시행자는 분양신청을 철회한 토지 등 소유자에 대하여 '그 해당하게 된 날'부터 150일 이내에 대통령령이 정하는 절차에 따라 토지·건축물 또는 그 밖의 권리에 대하여 현금으로 청산하여야 하는데, 여기에서 말하는 '**분양신청을 철회한 자**'는 분양신청기간 내에 분양신청을 하였다가 그 기간이 종료되기 전에 이를 철회한 자를 가리키고,

분양신청기간이 종료된 후에 임의로 분양신청을 철회한 자는 여기에 포함되지 않는다. 다만 사업시행자의 정관이나 관리처분계획에서 조합원들에 대하여 분양신청기간 종료 후 일정한 기간 내에 분양계약을 체결할 것을 요구하면서 그 기간 내에 분양계약을 체결하지 아니한 자에 대하여는 그 권리를 현금으로 청산한다는 취지를 정한 경우, 이는 사업시행자가 조합원이었던 토지 등 소유자에 대하여 해당 기간에 분양계약의 체결을 거절하는 방법으로 사업에서 이탈할 수 있는 기회를 추가로 부여한 것이므로, 분양신청을 한 토지 등 소유자가 분양신청 기간이 종료된 이후 분양계약 체결기간 내에 분양계약을 체결하지 않거나, 사업시행자에게 분양신청을 철회하는 등으로 분양계약의 체결의사가 없음을 명백히 표시하고 사업시행자가 이에 동의한 경우에도 당해 토지 등 소유자는 현금청산대상자에 해당하게 된다고 보아야 한다(대법원 2011. 7. 28. 선고 2008다91364 판결 등 참조).

[도정법/ 협의기간/ 실질적 협의] 구 주택법 또는 도정법상 매도청구권 행사 요건으로서 3개월 기간 동안 거쳐야 하는 '협의'의 의미 및 협의 내용에 대한 입증책임 소재(=사업주체) (대법원 2013. 5. 9. 선고 2011다101315,101322 판결)

> 도정법 제73조(분양신청을 하지 아니한 자 등에 대한 조치)
> ① 사업시행자는 관리처분계획이 인가·고시된 다음 날부터 "90일 이내"에 다음 각 호에서 정하는 자와 토지, 건축물 또는 그 밖의 권리의 손실보상에

관한 협의를 하여야 한다. 다만, 사업시행자는 분양신청기간 종료일의 다음 날부터 협의를 시작할 수 있다.
1. 분양신청을 하지 아니한 자
2. 분양신청기간 종료 이전에 분양신청을 철회한 자
3. 제72조제6항 본문에 따라 분양신청을 할 수 없는 자
4. 제74조에 따라 인가된 관리처분계획에 따라 분양대상에서 제외된 자

판례해설

대상판결은 구 주택법의 '협의'에 관한 내용이지만, 그 법리는 고스란히 도정법 제73조의 '협의'를 해석할 때에도 적용할 수 있다. 도정법 제73조에서는 사업시행자는 분양신청을 하지 아니한 자들 등 동조1항 각호에 해당하는 자들에 대하여 관리처분계획이 인가·고시된 다음날부터 90일 이내에 손실보상에 대한 협의를 거쳐야 한다고 되어 있는데, 여기서 "협의"의 의미는 실질적인 협의를 의미하고, 거기에 더하여 실질적인 협의를 하였다는 점에 관하여는 사업시행자가 입증책임을 부담한다고 되어 있다.

따라서 사업시행자의 입장에서는 협의에 최선을 다하여야 할 것으로 보이고, 거기에 더하여 협의 내용은 반드시 문서로 남겨두는 것이 차후 소송을 위해서도 안전할 것으로 보인다.

법원판단

　구 주택법(2009. 2. 3. 법률 제9405호로 개정되기 전의 것, 이하 '구 주택법'이라 한다) 제18조의2에 의하면, **제16조 제2항 제1호의 규정에 의하여 주택건설사업계획승인을 얻은 사업주체는 해당 주택건설대지 중 사용할 수 있는 권원을 확보하지 못한 대지(건축물을 포함한다)의 소유자에게 그 대지를 시가에 따라 매도할 것을 청구할 수 있고, 이 경우 매도청구 대상이 되는 대지의 소유자와 사전에 3월 이상의 기간 동안 협의하여야 하며**(제1항), 제1항의 규정에 의한 매도청구는 집합건물의 소유 및 관리에 관한 법률 제48조의 규정을 준용한다(제3항 전문). 위와 같이 구 주택법이 주택건설사업계획승인을 얻은 사업주체에게 주택건설사업에 필요한 대지를 소유자로부터 매수할 수 있게 하는 매도청구권을 부여한 것은 주택의 건설·공급을 통하여 국민의 주거안정과 주거수준의 향상이라는 공익을 달성하기 위하여 사업주체에게 대지 소유자의 의사에 반하여 재산권을 박탈할 수 있도록 특별히 규정한 것이므로 그 실질이 헌법 제23조 제3항의 공공수용과 같다고 볼 수 있고, 사업주체가 매도청구권 행사 전에 거쳐야 할 요건으로서 '대지의 소유자와의 사전에 3월 이상의 기간 동안 협의' 규정은 매도청구권 행사 전에 대지 소유자가 유일하게 가지는 절차적 보장 규정이므로 <u>대지 소유자를 보호하는 입장에서 이 규정을 엄격하게 해석하여야 할 필요</u>가 있다. 한편 공용수용의 경우 사업시행자는 토지 등에 대한 보상에 관하여 토지 소유자 및 관계인과 성실하게 협의하여야 하고, 협의의 절차 및 방법 등

협의에 관하여 필요한 사항은 대통령령으로 정하도록 하고 있다[구 공익사업을 위한 토지 등의 취득 및 보상에 관한 법률(2011. 8. 4. 법률 제11017호로 개정되기 전의 것, 이하 '구 공익사업법'이라 한다) 제16조, 제26조 제1항]. 그 위임에 따른 공익사업을 위한 토지 등의 취득 및 보상에 관한 법률 시행령(이하 '공익사업법 시행령'이라 한다) 제8조 제1항에 의하면, 사업시행자는 위 규정에 의한 협의를 하고자 하는 때에는 협의기간·협의장소 및 협의방법(제1호), 보상의 시기·방법·절차 및 금액(제2호), 계약체결에 필요한 구비서류(제3호) 등을 기재한 보상협의요청서를 토지소유자 및 관계인에게 통지하여야 하고, 같은 조 제5항에 의하면, 사업시행자는 협의기간 내에 협의가 성립되지 아니한 경우에는 협의의 일시·장소 및 방법(제1호), 대상 토지의 소재지·지번·지목 및 면적과 토지에 있는 물건의 종류·구조 및 수량(제2호), 토지소유자 및 관계인의 성명 또는 명칭 및 주소(제3호), 토지소유자 및 관계인의 구체적인 주장 내용과 이에 대한 사업시행자의 의견(제4호), 그 밖에 협의와 관련된 사항(제5호) 등이 기재된 협의경위서에 토지소유자 및 관계인의 서명 또는 날인을 받아야 한다. 따라서 **구 주택법에서 사업주체가 매도청구권 행사요건으로 거쳐야 할 '3월 이상의 기간 동안 협의' 과정에서도 그 실질이 유사한 공용수용에서의 협의절차에 관한 위 구 공익사업법령의 규정의 취지를 고려하여야 한다.** 이러한 사정을 비롯하여 관계 법령의 내용, 형식, 체제 및 입법 취지 등에 비추어 보면, **매도청구권 행사요건으로서 3월 이상의 기간 동안 거쳐야 하는 '협의'는 <u>사업주체와 대지 소유자 사이에서의 구체적이고 실질적인 협의를 뜻한다고 보아야 한</u>**

다. 그리고 특별한 사정이 없는 한 그와 같은 협의 요건을 갖추었는지를 판단할 때에는, 주택건설사업계획승인을 얻은 사업주체가 매매가격 또는 그 산정을 위한 상당한 근거를 제시하였는지, 사업주체가 협의 진행을 위하여 노력하였는지, 대지 소유자가 협의에 어떠한 태도를 보였는지 등의 여러 사정을 종합적으로 고려하여야 하며, **요건 충족에 대한 증명책임은 사업주체가 부담한다.**

II. 현금청산 대상자 지위

도정법 제81조(건축물 등의 사용·수익의 중지 및 철거 등) ① 종전의 토지 또는 건축물의 소유자·지상권자·전세권자·임차권자 등 권리자는 제78조제4항에 따른 관리처분계획인가의 고시가 있은 때에는 제86조에 따른 이전고시가 있는 날까지 종전의 토지 또는 건축물을 사용하거나 수익할 수 없다. 다만, 다음 각 호의 어느 하나에 해당하는 경우에는 그러하지 아니하다.
1. 사업시행자의 동의를 받은 경우
2. 「공익사업을 위한 토지 등의 취득 및 보상에 관한 법률」에 따른 손실보상이 완료되지 아니한 경우

도정법 제73조(분양신청을 하지 아니한 자 등에 대한 조치) ① 사업시행자는 관리처분계획이 인가·고시된 다음 날부터 90일 이내에 다음 각 호에서 정하는 자와 토지, 건축물 또는 그 밖의 권리의 손실보상에 관한 협의를 하여야 한다. 다만, 사업시행자는 분양신청기간 종료일의 다음 날부터 협의를 시작할 수 있다.
  1. 분양신청을 하지 아니한 자
  2. 분양신청기간 종료 이전에 분양신청을 철회한 자
  3. 제72조제6항 본문에 따라 분양신청을 할 수 없는 자
  4. 제74조에 따라 인가된 관리처분계획에 따라 분양대상에서 제외된 자
  ② 사업시행자는 제1항에 따른 협의가 성립되지 아니하면 그 기간의 만료일 다음 날부터 60일 이내에 수용재결을 신청하거나 매도청구소송을 제기하여야 한다.

[주택재개발사업 조합/ 현금청산자/ 동시이행항변] 재개발조합에서는 관리처분계획인가처분 이외에 협의 또는 수용절차를 거쳐야만 건물인도를 구할 수 있다(대법원 2011. 7. 28. 선고 2008다91364 판결)

판례해설

재개발 조합은 재건축조합과 다르게 현금 청산자에 대하여 건물인도를 구할 때에 관리처분계획 인가처분계을 받은 것만으로는 이를 청구할 수 없고, 거기에 더하여 협의 또는 수용재결을 통하여 매매 대금을 확정하여만 비로소 부동산 소유자에게 건물 인도를 구할 수 있으며 사업주체가 건물인도를 구할 경우 현금청산자는 대금을 모두 지급할 때까지 그 인도를 거부할 수 있는 동시이행항변권을 행사할 수 있다.

법원판단

구 도시정비법 제49조 제6항은, **관리처분계획에 대한 인가·고시가 있은 때에는 종전의 토지 또는 건축물의 소유자·지상권자·전세권자·임차권자 등 권리자는 제54조의 규정에 의한 이전의 고시가 있는 날까지 종전의 토지 또는 건축물에 대하여 이를 사용하거나 수익할 수 없다고** 규정하고 있다.

그리고 **구 도시정비법 제38조, 제40조 제1항, 제47조, 도시정비법 시**

행령 제48조 등에 의하면, 주택재개발사업의 사업시행자는 토지 등 소유자 중 분양신청을 하지 않거나 분양신청을 철회하는 등으로 현금청산대상자가 된 자에 대하여 그 해당하게 된 날부터 150일 이내에 토지·건축물 또는 그 밖의 권리에 관하여 현금으로 청산하되, 청산금액은 현금청산대상자와 사이에 협의하여 산정하여야 하고, 협의가 성립되지 않을 때에는 공익사업법에 의한 수용절차로 이행할 것을 예정하고 있는데, 공익사업법 제62조는 사업시행자는 당해 공익사업을 위한 공사에 착수하기 이전에 토지소유자 및 관계인에게 보상액의 전액을 지급하여야 한다고 규정하고 있다.

이러한 규정들을 종합하여 보면, 주택재개발사업의 사업시행자가 공사에 착수하기 위하여 조합원이 아닌 현금청산대상자로부터 그 소유의 정비구역 내 토지 또는 건축물을 인도받기 위해서는 관리처분계획이 인가·고시된 것만으로는 부족하고 나아가 구 도시정비법이 정하는 바에 따라 협의 또는 수용절차를 거쳐야 하며, 협의 또는 수용절차를 거치지 아니한 때에는 구 도시정비법 제49조 제6항의 규정에도 불구하고 현금청산대상자를 상대로 토지 또는 건축물의 인도를 구할 수 없다고 보는 것이 국민의 재산권을 보장하는 헌법합치적 해석이라고 할 것이다. 만일 조합과 현금청산대상자 사이에 청산금에 관한 협의가 성립된다면 조합의 청산금 지급의무와 현금청산대상자의 토지 등 부동산 인도의무는 특별한 사정이 없는 한 동시이행의 관계에 있게 되고, 수용절차에 의할 때에는 부동산 인도에 앞서 청산금 등의 지

급절차가 이루어져야 할 것이다.

[재건축 조합/ 분양신청/ 청산금 지급] 사업주체의 청산금 지급의무와 소유자의 권리제한 등기 없는 소유권 이전의무는 동시이행관계이다(대법원 2009. 9. 10. 선고 2009다32850,32867 판결)

> **판례해설**
>
> 사업시행자에게 분양 신청을 하지 않은 자는 청산 대상자로서 현금청산자에 해당한다. 그리고 사업시행자에 대해서 청산금을 지급받기 위해서는 자신의 소유권을 이전하여야 하고, 이 경우 **상대방은 권리제한 등기가 없는 완전한 소유권 이전을 할 의무**가 발생한다.
>
> 그 외 대상판결은 청산금 지급의무가 발생하는 지급시기 등에 대한 법리를 설시하고 있으므로 꼼꼼히 살펴보는 것이 유용할 것으로 보인다.

법원판단

가. 청산금 지급의무와 권리제한 등기 없는 소유권 이전의무와 동시이행관계

도시 및 주거환경정비법 제47조의 규정에 따라 사업시행자가 분양신청을 하지 아니하거나 분양신청을 철회한 토지 등 소유자에게 청산금의 지급의무를 부담하는 경우에, 공평의 원칙상 토지 등 소유자는 권리제한등기가 없는 상태로 토지 등의 소유권을 사업시행자에게 이전할 의무를 부담하고, **이러한 권리제한등기 없는 소유권 이전의무와 사업시행자의 청산금 지급의무는 동시이행관계에 있는 것이 원칙이다** (대법원 2008. 10. 9. 선고 2008다37780 판결 참조).

원심은 그 채용 증거를 종합하여 **이 사건 각 부동산 중 원고들 지분에 관하여 원고들의 이주비 대출금채무를 피담보채무로 하고, 근저당권자를 주식회사 국민은행으로 하는 각 근저당권설정등기가 마쳐져 있던 사실, 피고가 2008. 5. 28. 원고들의 각 이주비 대출금을 대위변제하고 위 각 근저당권설정등기를 말소한 사실을 인정한 다음, 원고들의 위 각 근저당권설정등기 말소의무와 피고의 청산금 지급의무는 동시이행의 관계에 있으므로 피고의 청산금 지급의무는 위 각 근저당권설정등기가 말소된 2008. 5. 28.까지는 이행지체에 빠지지 아니한다는 이유로, 청산금에 대한 지연손해금의 기산일은 2008. 5. 29.이라고 판단**하였다.

위 법리와 기록에 비추어 살펴보면, 원심의 이러한 판단은 정당하고, 거기에 상고이유로 주장하는 바와 같은 청산금에 대한 지연손해금의 기산일에 관한 법리오해 등의 위법이 있다고 할 수 없다.

나. 청산금 산정의 평가 기준시점에 대하여

도시 및 주거환경정비법 제47조 제1, 2호의 규정에 따라 사업시행자는 토지 등 소유자가 분양신청을 하지 아니하거나 분양신청을 철회하는 경우에 '그 해당하게 된 날'부터 150일 이내에 대통령령이 정하는 절차에 따라 토지·건축물 또는 그 밖의 권리에 대하여 현금으로 청산하여야 하는데, 여기에서 **분양신청을 하지 아니하거나 분양신청기간의 종료 이전에 분양신청을 철회한 토지 등 소유자에 대하여 청산금 지급의무가 발생하는 시기는 도시 및 주거환경정비법 제46조의 규정에 따라 사업시행자가 정한 '분양신청기간의 종료일 다음날'** 이라고 보아야 하므로 (대법원 2008. 10. 9. 선고 2008다37780 판결 참조), 현금청산의 목적물인 토지·건축물 또는 그 밖의 권리의 가액을 평가하는 기준시점은 청산금 지급의무가 발생하는 시기인 '분양신청기간의 종료일 다음날'로 봄이 상당하다.

원심판결 이유에 의하면, 원심은 2006. 10. 22.을 기준시점으로 평가한 이 사건 부동산 중 원고들 지분의 가액에 따라 청산금을 산정하였는바, 비록 원심이 '분양신청기간의 종료일 다음날'로서 청산금 지급의무가 발생하는 시기인 2006. 4. 9.이 아닌 2006. 10. 22.을 기준시점으로 삼아 평가한 원고들 지분의 가액에 따라 청산금을 산정하기는 하였으나, 그 가액 평가의 기준시점으로 삼은 2006. 10. 22.은 청산금 지급의무의 발생일인 2006. 4. 9.과 시간적 간격이 그다지 크지 않고 그 기간 사이에 가격변동이 있었다고 볼 만한 사정도 찾아볼 수 없으므로, 2006. 10. 22.을 기준시점으로 평가한 가액에 따라 청산금을 산정한 원심의 조치는 정당하고, 거기에 청산금 산정의 평가 기준시점에 관한 법리오해 등의 위법이 있다고 할 수 없다.

다. 청산금 산정의 평가방법에 대하여

도시 및 주거환경정비법 제47조에서는 사업시행자는 토지 등 소유자가 분양신청을 하지 아니하거나 분양신청을 철회하는 경우에 그때로부터 150일 이내에 대통령령이 정하는 절차에 따라 토지·건축물 또는 그 밖의 권리에 대하여 현금으로 청산하여야 하는 것으로 규정하고 있고, 도시 및 주거환경정비법 시행령 제48조에서는 '사업시행자가 도시 및 주거환경정비법 제47조의 규정에 의하여 토지 등 소유자의 토지·건축물 그 밖의 권리에 대하여 현금으로 청산하는 경우 청산금액은 사업시행자와 토지 등 소유자가 협의하여 산정하고, **이 경우 시장·군수가 추천하는 「부동산가격공시 및 감정평가에 관한 법률」에 의한 감정평가업자 2인 이상이 평가한 금액을 산술평균하여 산정한 금액을 기준으로 협의할 수 있다**'라고 규정하고 있다.

그러나 위 규정은 사업시행자와 토지 등 소유자 사이에 청산금액을 협의하여 정할 경우의 평가방법에 관한 것일 뿐이므로, 청산금의 지급을 구하는 소송에 있어서 법원은 적절한 방법으로 청산금액을 평가하면 족한 것이지, 반드시 위 시행령 제48조에서 정한 방법으로 청산금액을 산정하여야 하는 것은 아니다.

원심판결 이유에 의하면, 원심은 제1심 법원이 선정한 감정인의 시가 감정 결과를 기초로 이 사건 청산금액을 산정하였음을 알 수 있는바, 위 법리와 기록에 비추어 살펴보면, 원심의 이러한 조치는 정당하고, 거기에 상고이유 주장과 같은 청산금 산정의 평가방법에 관한 법리오해 등의 위법이 있다고도 할 수 없다.

[도정법제47조/ 청산금 지급/ 권리제한등기] 도정법 제73조에 의하여 재건축조합이 토지등소유자에게 청산금의 지급의무를 부담하는 경우, 토지 등 소유자의 권리제한등기 없는 소유권 이전의무와 사업시행자의 청산금 지급의무의 관계(=동시이행)(대법원 2010. 8. 19. 선고 2009다81203 판결)

판례해설

부동산 매매에 있어서 매매잔금과 더불어 등기이전 및 부동산 인도는 동시이행관계이고 다른 특별한 사유가 없는 한 부동산등기는 채무내용에 부합한 등기여야 하므로 그 매매의 목적물은 권리제한 등기가 없거나 또는 권리제한 등기를 고려하여 그 매매대금이 감액된 경우일 것이다.

구 도정법 47조(현행 제73조)에 따라 **사업시행자는 현금청산자에게 청산금 지급 의무를 부담하지만, 그에 대한 반대급부로서 토지 등 소유자는 권리제한 등기가 없는 상태로서의 이전을 해야 하고 그렇지 않을 경우 채무불이행 책임을 부담하게 되므로 특히 주의를 요한다.**

> 법원판단

도시 및 주거환경정비법(이하 '도시정비법'이라 한다) 제47조에 의하면, 재건축조합은 조합원 중 분양신청을 하지 아니한 자, 분양신청을 철회한 자, 도시정비법 제48조의 규정에 의하여 인가된 관리처분계획에 의하여 분양대상에서 제외된 자에 대하여는 그 해당하게 된 날부터 150일 이내에 대통령령이 정하는 절차에 따라 토지·건축물 또는 그 밖의 권리에 대하여 현금으로 청산하여야 한다고 규정하고 있고, 원고 재건축조합의 정관 제42조 제4항에서도 같은 내용을 규정하고 있다.

한편 위 규정에 의하여 재건축조합이 토지 등 소유자에게 청산금의 지급의무를 부담하는 경우 공평의 원칙상 토지 등 소유자는 권리제한등기가 없는 상태로 토지 등의 소유권을 조합에게 이전할 의무를 부담하고, 이러한 권리제한등기 없는 소유권이전의무와 사업시행자의 청산금 지급의무는 동시이행관계에 있다(대법원 2008. 10. 9. 선고 2008다37780 판결 등 참조).

[현금청산자/ 정비사업비 부담] 조합에서 현금청산자에게 조합원의 지위가 상실되기 전까지 발생한 정비 사업비 등을 청구할 있는지 여부와 그 요건(대법원 2016. 12. 27. 선고 2014다203212 판결)

도정법 제93조(비용의 조달) ① 사업시행자는 토지등소유자로부터 제92

조제1항에 따른 비용과 정비사업의 시행과정에서 발생한 수입의 차액을 부과금으로 부과·징수할 수 있다.

판례해설

원칙적으로 **현금청산대상자는 조합원의 지위를 상실한 것**이므로 조합은 현금청산대상자에게 도정법 제93조 제1항에 따른 부과금을 징수할 수 없다. 다만 예외적으로 조합의 정관·총회 결의 또는 별도의 약정으로 '**현금청산대상자가 조합원의 지위를 상실하기 전까지 발생한 정비사업비 중 일정 부분을 분담한다**'고 미리 정한 경우에 한하여 청구할 수 있다.

대상판결은 조합 정관으로 조합원이 정비사업비 등 납무의무를 부담한다는 일반적인 의무를 정한 것만으로는 이러한 예외적인 경우에 해당하지 않는다고 엄격하게 판단하고 있는바, **현금청산대상자에게 조합원의 지위를 상실하기 전까지 발생한 정비사업비 중 일정 부분을 분담하도록 하기 위해서는 사전에 구체적인 내용의 정관이 마련되어 있어야 인정될 수 있다.**

법원판단

1. 구 도시 및 주거환경정비법(2012. 2. 1. 법률 제11293호로 개정되기 전의 것, 이하 '구 도시정비법'이라고 한다) 제60조 제1항, 제61조 제1항, 제3항, 제47조와 구 도시 및 주거환경정비법 시행령(2016. 7. 28. 대통령령 제27409호로 개정되기 전의 것) 제48조의 내용, 형식과 체계,

사업시행자가 정비사업의 시행과정에서 정비사업비와 수입의 차액을 부과금으로 부과·징수하는 과정 등에 비추어 보면, 주택재건축사업에서 조합원이 구 도시정비법 제47조나 조합 정관이 정한 요건을 충족하여 **현금청산대상자가 된 경우에는 조합원의 지위를 상실하므로, 사업시행자인 조합은 현금청산대상자에게 구 도시정비법 제61조 제1항에 따른 부과금을 부과·징수할 수 없고, 다만 현금청산대상자가 조합원의 지위를 상실하기 전까지 발생한 정비사업비 중 일정 부분을 분담하여야 한다는 취지를 조합 정관이나 조합원총회의 결의 또는 조합과 조합원 사이의 약정 등으로 미리 정한 경우 등에 한하여 구 도시정비법 제47조에 규정된 청산절차 등에서 이를 청산하거나 별도로 반환**을 구할 수 있다(대법원 2014. 12. 24. 선고 2013두19486 판결, 대법원 2016. 8. 30. 선고 2015다207785 판결 참조).

2. 원심은 판시와 같은 이유로, (1) 신갈주공아파트 재건축사업을 시행하는 재건축조합인 피고가 피고의 정관 제43조 제4항, 제5항에 따라, 분양신청기간 내에 분양계약을 체결하지 아니한 조합원인 원고에게 원고 소유 이 사건 부동산에 대하여 판시 현금청산금 및 지연손해금을 지급할 의무가 있다고 인정하는 한편, (2) 원고가 조합원의 지위를 상실할 때까지 발생한 조합의 사업비용에 대하여는 조합원으로서 당연히 부담할 의무를 진다는 취지의 전제에서, 판시 현금청산금에는 위 사업비용 중 원고가 조합원으로서 부담하여야 할 금액이 반영되지 아니하였으므로 이를 공제하여야 한다고 판단하고, 나아가 **그 공제 금액은 원**

고가 조합원의 지위를 상실할 때까지 피고가 지출한 총 사업비용 중에서 신갈주공아파트의 총 종전자산 평가액에 대한 이 사건 부동산 평가액의 비율에 해당하는 금액(12,279,478원)이라고 판단하였다.

3. 가. 그러나 앞에서 본 법리에 의하면, 원심이 전제한 것과 달리, **피고의 정관에서 정한 요건을 충족하여 현금청산대상자가 되어 조합원의 지위를 상실하는 원고에게 조합원의 지위를 상실하기 전까지 발생한 정비사업비에 대하여 분담할 의무를 지우기 위해서는, <u>그 분담 의무에 관한 취지를 피고의 정관이나 조합원총회의 결의 또는 피고와 원고 사이의 약정 등으로 미리 정하였음이 인정</u>되어야 한다.**

나. 원심판결 이유 및 이 사건 기록에 의하면, 피고의 정관 중 ① 제10조 제1항 제5호는 "조합원은 정비사업비, 청산금, 부과금과 이에 대한 연체료 및 지연손실금 등의 비용 납부의무를 부담한다."고 정하고 있고, ② 제43조 제4항은 "조합은 조합원이 다음 각 호의 1에 해당하는 경우에는 그 해당하게 된 날부터 150일 이내에 건축물 또는 그 밖의 권리에 대하여 현금으로 청산한다. 그 금액은 시장·군수가 추천하는 감정평가업자 2 이상이 평가한 금액을 산술평균하여 산정한다."고 정하고, 그 각호에서 "1. 분양신청을 하지 아니한 자, 2. 분양신청을 철회한 자, 3. 인가된 관리처분계획에 의하여 분양대상에서 제외된 자"라고 정하고 있으며, ③ 제43조 제5항은 "조합원은 관리처분계획인가 후 조합에서 정한 기간 내에 분양계약체결을 하여야 하며 분양계약체결을 하지 않는 경우

제4항의 규정을 준용한다."고 정하고 있음을 알 수 있다.

그렇지만 위 정관 제10조 제1항 제5호의 규정은 조합원이 정비사업비 등 납무의무를 부담한다는 일반적인 의무를 정한 것에 불과하고, 오히려 위 정관 제43조 제4항, 제5항은 조합원의 지위를 상실함에 따른 현금청산금에 관하여 건축물 또는 그 밖의 권리에 대하여 감정평가업자가 평가한 금액을 기초로 산정한다고 정하고 있을 뿐 정비사업비의 정산에 관하여 정하고 있지 아니함에 비추어 보면, 위 규정들만으로는 현금청산대상자가 조합원의 지위를 상실하기 전까지 발생한 정비사업비 중 일정 부분을 분담하도록 정하였다고 보기에 부족하다.

[재건축 조합/ 분양신청/ 청산금 지급] 조합원 지위를 상실할 경우 조합원 지위에 있을 당시 얻은 이익을 반환할 필요가 없으므로 기 수령한 이주대출금에 대한 이자 상당액을 반환할 필요는 없다(대법원 2009. 9. 10. 선고 2009다32850,32867 판결)

> **판례해설**
>
> 조합과 조합원의 관계는 **도정법 및 해당 조합 정관에 의하여 규율**된다.
>
> 대상판결에서는 **조합원의 지위에 있다가 분양신청 철회 등의 이유로 현금청산자가 된 조합원**의 경우, 그 지위에서 기 지급받았던 이주 대출금등의 이자등을 반환하여야 하는지 문제가 되었다.

> 그러나 조합원의 지위에 있었을 당시 향유하였던 이익에 대한 처분을 정관에 미리 정한 경우는 별론으로 하더라도, 그러한 규정이 없었던 경우라면 이를 현금청산자에게 청구할 수 없을 뿐만 아니라 더 나아가 **원고들은 피고의 사업시행을 위하여 그 소유 부동산을 제공하고 이주하는 등 조합원으로서의 의무를 이행한 반면 조합원의 지위를 상실함으로써 조합의 사업에 따른 이익을 얻을 수는 없게 된 점을 고려한다면 대출금 손실등을 전가할 수 없다**고 판시하였다.

법원판단(현금청산에 관한 법리오해가 있다는 주장에 대하여)

도시 및 주거환경정비법에 의하여 설립된 재건축정비사업조합과 그 조합원 사이의 법률관계는 그 근거 법령이나 정관의 규정, 조합원총회의 결의 또는 조합과 조합원 사이의 약정에 따라 규율되는 것으로서 그 규정이나 결의 또는 약정으로 특별히 정한 바가 없는 이상, **조합원이 조합원의 지위를 상실하였다고 하더라도 그 조합원이 조합원의 지위에서 얻은 이익을 당연히 소급하여 반환할 의무가 있는 것은 아니다.**

그렇다면, 원고들은 피고의 조합원으로서 그 소유 부동산을 피고에게 제공하고 이주를 하는 한편 조합원의 지위에서 시공사가 피고와의 약정에 따라 제공하는 이주비 대출금의 이자 상당의 이익을 취득한 것이라고 할 것인데, 피고와 원고들 사이에, 원고들이 조합원의 지위를 상실하게 되면 원고들에게 지급된 이주비 대출금의 이자를 소급하여 반환하여야 한다는 내용의 규정이나 결의 또는 약정 등이 있었음을 인정할 만한 자료가 없는 이상, **원고들이 조합원의 지위를 상실하였다고 하여 그 조합원의 지위에서 이미 취득한 이주비 대출금의 이자 상당의 이익을 피고에게 당연히 반환하여야 할 의무가 있다고는 할 수 없다.**

그리고 원고들은 피고의 사업시행을 위하여 그 소유 부동산을 제공하고 이주하는 등 조합원으로서의 의무를 이행한 반면 조합원의 지위를 상실함으로써 조합의 사업에 따른 이익을 얻을 수는 없게 된 점에 비추어 보면, 원고들이 조합원의 지위에서 얻은 이주비 대출금의 이자 상당의 이익을 그대로 보유한다고 하여 형평의 원칙에 반한다거나 나머지 조합원들에게 그 대출금 이자 상당의 손실을 전가하는 것이라고 할 수 없다.

[재건축조합/ 현금청산자/ 의무부담결의] 재건축조합에서 현금청산자가 특정되었고 탈퇴예정이라고 한다면 그 이후 조합총회에서 현금청산자에게 부담이 되는 결의를 할 수 없다(대법원 2016. 12. 29. 선고 2013다217412 판결)

판례해설

주택재건축 사업 조합원이 현금청산자가 되었다는 것은 더 이상 조합사업에 관여하지 않겠다는 의지로서 **조합원의 지위를 스스로 포기**한 것이다. 사정이 이와 같다면 기존 정관에 이미 규정되어 있지 않은 이상 현금청산자

> 에게 부담이 되는 비용을 청구할 수 없고, 추후 총회 결의를 통해서도 불가능하다고 할 것이다.

법원판단

1. 구 도시정비법 제47조는 "사업시행자는 토지 등 소유자가 다음 각 호의 1에 해당하는 경우에는 그 해당하게 된 날부터 150일 이내에 대통령령이 정하는 절차에 따라 토지·건축물 또는 그 밖의 권리에 대하여 현금으로 청산하여야 한다. 1. 분양신청을 하지 아니한 자, 2. 분양신청을 철회한 자, 3. 제48조의 규정에 의하여 인가된 관리처분계획에 의하여 분양대상에서 제외된 자"라고 정하고 있고, 같은 법 시행령 제48조는 "사업시행자가 법 제47조의 규정에 의하여 토지 등 소유자의 토지·건축물 그 밖의 권리에 대하여 현금으로 청산하는 경우 청산금액은 사업시행자와 토지 등 소유자가 협의하여 산정한다. 이 경우 시장·군수가 추천하는 「부동산가격공시 및 감정평가에 관한 법률」에 의한 감정평가업자 2인 이상이 평가한 금액을 산술평균하여 산정한 금액을 기준으로 협의할 수 있다."라고 정하고 있다(현행 도시정비법과 시행령에도 기간만 다를 뿐이고 동일한 취지로 규정되어 있다).

2. 재건축조합(이하 '조합'이라 한다)과 그 조합원의 법률관계는 근거법령과 정관의 규정, 조합원총회의 결의 또는 조합과 조합원 사이의

약정에 따라 규율된다(재개발조합에 관한 대법원 2014. 12. 24. 선고 2013두19486 판결 등 참조). 한편 조합원이 분양신청을 하지 않거나 철회하는 등으로 도시정비법과 조합 정관이 정한 요건에 해당하여 현금청산대상자가 되면 조합원의 지위를 잃는다(대법원 2010. 8. 19. 선고 2009다81203 판결 등 참조).

위에서 본 도시정비법령의 내용, 형식과 체계, 사업시행자가 토지 등 소유자에게 부과금을 징수하는 일반적인 과정 등에 비추어 보면, 주택재건축사업에서 사업시행자인 조합은 토지 등 소유자인 조합원에게 도시정비법 제61조 제1항에 따라 정비사업비와 정비사업의 시행과정에서 발생한 수입의 차액을 부과금으로 부과·징수할 수 있으나, **조합원이 도시정비법이 정한 요건을 충족하여 현금청산대상자가 된 경우에는 조합원의 지위를 상실하여 더 이상 조합원의 지위에 있지 않으므로 조합은 특별한 사정이 없는 한 현금청산대상자에게 도시정비법 제61조 제1항에 따른 부과금을 부과·징수할 수 없다. 따라서 조합 정관, 조합원총회의 결의 또는 조합과 조합원 사이의 약정 등에서 현금청산대상자가 조합원의 지위를 상실하기 전까지 정비사업비 중 일정 부분을 분담하기로 미리 정하지 않았다면, 도시정비법 제47조에 따른 청산절차 등에서 이를 청산하거나 별도로 조합이 현금청산대상자에게 반환을 청구할 수 없다**(대법원 2016. 8. 30. 선고 2015다207785 판결 참조). 이는 조합원이 조합 정관에 정한 요건을 충족하여 현금청산대상자가 되는 경우에도 마찬가지이다.

원고들은 피고가 정한 분양계약 체결 기간 내에 분양계약을 체결하지 않아 피고 정관 제43조 제5항에 따라 현금청산대상자가 되어 더 이상 조합원의 지위에 있지 않다. 피고 정관 제10조 제1항 제5호에서 조합원은 정비사업비 등의 비용을 납부할 의무를 부담한다고 정하고 있다. 그러나 이 조항은 조합원의 비용납무의무를 정한 것일 뿐이고, 현금청산대상자가 조합원의 지위를 상실하기 전까지 발생한 정비사업비 중 일정액을 분담하여야 한다는 의미는 아니다. 그 밖에 피고의 정관에서 현금청산대상자가 조합원의 지위를 상실하기 전에 발생한 정비사업비를 부담한다고 규정한 조항을 찾을 수 없다.

따라서 원심으로서는 현금청산대상자가 조합원의 지위를 상실하기 전까지 발생한 정비사업비 중 일정 부분을 분담하여야 한다는 내용을 조합원총회의 결의 또는 피고와 원고들 사이의 약정 등으로 미리 정하였는지를 심리하였어야 하고, 만일 그와 같은 조합원총회의 결의 또는 피고와 원고들 사이의 약정이 없다면, 피고가 원고들에게 지급할 청산금을 산정하면서 원고들이 조합원의 지위를 상실하기 전까지 발생한 정비사업비 중 일정 부분을 공제할 수 없다.

그런데도 원심은 원고들에게 지급되어야 할 청산금을 산정하면서 원고들에게 현금청산사유가 발생하여 조합원의 지위를 상실할 때까지 발생한 피고의 사업비용 중 원고들이 조합원으로서 부담하였어야 할 금액이 공제되어야 한다고 판단하였다. 이러한 판단에는 재건축조합의 현금청산 시 정비사업비 분담의무에 관한 법리를 오해한 나머지 필요한 심리를 다하지 않음으로써 판결에 영향을 미친 잘못이 있다. 이 점을 지적하는 상고이유 주장은 이유 있다.

[매도청구/ 정비사업비 공제/ 공특법 준용여부/ 조합원 당연승계] 매도청구권 행사시 정비사업비 공제 가능성/ 공특법 준용여부/ 조합원 승계의 법리 (청주지방법원 2018가합4229 사건)

> 판례해설
>
> 현금청산과 관련된 쟁점이 대부분 녹아있는 좋은 판례이다.
>
> 매도청구 행사시 **매매대금에서 정비 사업비가 공제될 수 있는지 여부**에 관하여 앞서 살펴본 대법원 판례에서는 정관에 규정이 없는 한 추후 총회를 통해서는 불가능하다고 선고하였고, 그 이후 조합들은 정관에 해당 규정을 모두 넣고 있기 때문에 대부분 정비 사업비가 매매대금에서 공제되고 있는 실정이다.
>
> 더 나아가 **주택재건축과 재개발은 근본적으로 다른 사업으로서, 강한 공공성을 띠고 있는 재개발사업에 비해 재건축사업은 훨씬 가벼운 공공성을 가지고 있는바, 재개발조합의 법리에서 적용되는 수용재결이 아닌 재건축 조합에서 진행하는 매도청구권 행사에는 그와 같은 손실보상이 준용되지 않는다고 판시하였다.**
>
> 그 외 특별한 사정이 없는 한 **주택재건축정비사업조합의 설립인가 후에**

> 정비사업의 건축물 또는 토지에 관한 조합원의 권리가 양도·증여·판결 등으로 인하여 이전되면 그 권리를 취득한 자에게 조합원으로서의 지위 내지 권리·의무도 당연히 이전·승계하게 되기(대법원 2011. 10. 27. 선고 2010다30300 판결) 때문에 조합원이 아니었다는 이유로 정비사업비 공제를 요구할 수 없다고 판시하였다.

법원판단

1) 관련법리

주택재건축사업에서 조합원이 구 도시정비법 제47조나 조합 정관이 정한 요건을 충족하여 현금청산대상자가 된 경우에는 조합원의 지위를 상실하므로, 사업시행자인 조합은 현금청산대상자에게 구 도시정비법 제61조 제1항에 따른 부과금을 부과·징수할 수 없고, 다만 **현금청산대상자가 조합원의 지위를 상실하기 전까지 발생한 정비사업비 중 일정 부분을 분담하여야 한다는 취지를 조합 정관이나 조합원총회의 결의 또는 조합과 조합원 사이의 약정 등으로 미리 정한 경우 등에 한하여 구 도시정비법 제47조에 규정된 청산절차 등에서 이를 청산하거나 별도로 반환**을 구할 수 있다(대법원 2014. 12. 24. 선고 2013두19486 판결, 대법원 2016. 8. 30. 선고 2015다207785 판결 참조).

2) 판단

갑 제6호증, 을라 제3호증에 변론 전체의 취지를 보태어 보면 원고의 정관에서 '조합원이 청산시 조합원 지위를 유지하고 있는 동안 사용된 사업비에(조합원으로서 부담했어야 할 금원) 대해 종전자산비율로 공제하고 청산금을 지급하여야 한다'고 규정(제34조 제4항)하는 한편, '현금청산금은 현금청산대상자로 분류된 시점까지의 재건축정비사업에 소요된 각종비용(추진위원회 단계 포함, 조합운영비 및 각종 사업비·용역비·제세공과금 등 일체) 중 해당 현금청산대상자의 종전자산감정평가액 비율에 따라 산정한 금액 및 해당 현금청산대상자의 이주대여금 및 (연체)이자 등을 공제한 후 지급한다'고 규정하고 있으므로, 위 법리에 비추어 위 정관규정에 따라 피고들에게 지급할 매매대금에서 정비사업비를 공제하고 지급할 수 있다고 봄이 상당하다.

3) 피고 E의 주장에 관한 판단(조합원 지위를 승계한 자에게 정비사업비 공제가 가능한지 여부)

가) 피고 E은 자신이 M, N으로부터 이 사건 제2 부동산의 소유권을 승계 취득한 사람일 뿐, 정관 제9조 제1항에 따른 동의서를 **원고에게 제출한 바 없이** M, N의 조합원 지위를 승계한 바 없으므로 매매대금에서 정비사업비를 공제하는 것은 **부당하다**는 취지로 주장한다.

도시정비법에 의한 이전고시가 이루어졌다는 등의 특별한 사정이 있거나 도시정비법 제19조 제2항 본문의 투기과열지구에 해당하는 경우가 아닌 한, 주택재건축정비사업조합의 설립인가 후에 정비사업의 건축물 또는 토지에 관한 조합원의 권리가 양도·증여·판결 등으로 인하여 이전되면 그 권리를 취득한 자에게 조합원으로서의 지위 내지 권리·의무도 당연히 이전·승계하게 된다(대법원 2011. 10. 27. 선고 2010다30300 판결 참조).

살피건대, 피고 E이 원고의 전 조합원인 M, N으로부터 이 사건 제2부 부동산을 원고의 설립인가일 이후인 2017. 3. 22. 매수하였음은 앞서 본 바와 같고, 위 법리에 더하여 구 도시정비법 시행령(2017. 9. 29. 대통령령 제28351호로 일부 개정되기 전의 것) 제30조 제2항은 '법 제16조 제1항 내지 제3항의 규정에 의한 조합의 설립인가 후 양도·증여·판결 등으로 인하여 조합원의 권리가 이전된 때에는 조합원의 권리를 취득한 자를 조합원으로 본다'고 규정하고 있으므로 **피고 E은 원고의 전 조합원인 M, N으로부터 이 사건 제2부동산을 매수함으로써 원고 조합원의 지위를 승계하였다고 봄이 타당하다.** 따라서 피고 E의 이 부분 주장은 이유 없다.

나) 피고 E은 또한 정비사업비를 매매대금에서 공제할 수 있다 하더라도 정비사업비의 공제를 규정한 정관의 효력발생일 이후에 발생한 정비사업비만 공제할 수 있고, 원고가 공제대상 정비사업비로 주장하는 설계용역비, 국·공유지 양도양수용역비, 측량비, 지반조사용역비 등은 신규 아파트 분양원가에 포함되는 것이어서 공제할 것이 아니라고 주

장하므로 살피건대, 갑 제6, 7, 10, 내지 12호증을, 을라 제3호증에 변론 전체의 취지를 보태어 보면 원고의 2015. 7. 18. 자 정관은 같은 날 개최된 원고 조합원 총회에서 총원 485명 중 439명이 참석하여 그 중 426명의 찬성으로 가결된 사실을 인정할 수 있고, 위 정관 중 정비사업비 부과에 관한 제34조, 제45조는 그 후 2017. 3. 4. 자 정관에서도 그대로 유지되고 있다고 보이므로, 위 정관 제45조 제5항에 따르면 분양계약 미체결자의 현금청산금은 현금청산대상자로 분류된 시점까지의 재건축정비사업에 소요된 각종비용(추진위원회 단계 포함, 조합운영비 및 각종 사업비·용역비·제세공과금 등 일체)을 포함하는 것으로 정하고 있으므로, 피고 E의 이 부분 주장은 이유 없다.

다) 다음으로 피고 E은 ① 원고의 청산금액 협의요청이 있으면 언제든지 소유권이전등기를 해 주기 위하여 등기권리증 등 필요한 서류와 건물명도에 필요한 열쇠 등을 준비하고 있었으나 원고가 청산금 협의요청을 하지 아니하였고, ② 원고가 분양신청 종료 다음 날부터 150일 이내에 감정평가업자 2 이상이 평가한 금액을 산술평균하여 산정한 금액으로 위 피고와 현금청산 협의를 하였어야 함에도 이를 하지 아니하였고, 이 사건 제2 부동산은 위 피고가 현금청산을 신청한 이후 단전·단수된 상태로 사용·수익하지 않고 있으므로 원고는 위 피고에게 청산금에 대한 이자 내지 지연손해금을 지급할 의무가 있다고 주장한다.

살피건대, 매도청구권의 행사로 인한 부동산 매매에 있어 매수인의 시가 상당의 대금지급의무와 매도인의 소유권이전등기의무 및 인도의무나 동시이행관계에 있음은 앞서 본 바와 같고, 부동산매매계약에서 매도인의 소유권이전등기절차이행채무와 매수인의 매매잔대금 지급채무가 동시이행관계에 있는 한 쌍방이 이행을 제공하지 않는 상태에서는 이행지체로 되는 일이 없을 것인바, 매도인이 매수인을 이행지체로 되게 하기 위하여는 소유권이전등기에 필요한 서류 등을 현실적으로 제공하거나 그렇지 않더라도 이행장소에 그 서류 등을 준비하여 두고 매수인에게 그 뜻을 통지하고 수령하여 갈 것을 최고하여야 하는데(대법원 1993. 12. 28. 선고 93다777 판결, 1996. 7. 30. 선고 96다17738 판결 등 참조), 피고 E는 단지 등기권리증 등 필요한 서류와 건물명도에 필요한 열쇠 등을 준비하고 있었다는 것뿐이어서 원고가 이행지체를 이유로 한 지연손해금 지급의무를 부담한다고 볼 수 없다.

한편 구 도시정비법 제47조 제2항에 따르면 사업시행자는 제1항에 따른 기간 내에 현금으로 청산하지 아니한 경우에는 정관 등으로 정하는 바에 따라 해당 토지등소유자에게 이자를 지급하여야 하고, 원고의 정관 제45조 제4항 제1호에 따르면 원고가 분양 신청 종료 다음 날부터 150일 이내에 현금청산을 완료하지 못하고, 현금청산대상자가 건축물 도는 그 밖의 권리를 사용·수익하지 못하게 된 경우에는 W은행 신용대출금리(CSS 1등급 12개월변동금리)에 따라 이자를 지급하도록 정하고 있으나, 다른 한편으로 위 정관 제 45조 제4항 본문 단서에서 '현금청산 협의가 되지 않아 매도청구를 하여야 하는 경우에는 이자를 지급하지 않는다'고 정하고 있는바, 갑 제3호증의 2의 기재에 변론 전체의 취지를 보태어 보면, 원고와 피고 E 사이에는 현금청산 협의가 없었거나 협의가 성립되지 아니한 사실을 인정할 수 있으므로, 피고 E의 이 부분 주장 또한 이유 없다.

5) 피고 F, 피고 J의 주장에 관한 판단(이주정착금등의 지급여부)

위 피고들은 원고가 위 피고들에게 구 도시정비법 제40조 제1항에서 준용하는 공익사업을 위한 토지 등의 취득 및 보상에 관한 법률(이하 '공익사업법'이라 한다)에 따라 손실보상의무를 부담하므로 위 피고들에게 공익사업법에 따른 이주정착금, 주거이전비 및 이사비를 지급할 의무가 있다고 주장한다. 살피건대 구 도시정비법 제40조 제1항은 정비구역 안에서 정비사업의 시행을 위한 토지 또는 건축물의 소유권 등을 '수용 또는 사용'하는 경우에 공익사업법을 준용하도록 하고 있는바, 이 사건에서 원고는 위 피고들 소유의 부동산에 관하여 매도청구권을 행사하고 있을 뿐이므로 위 부동산이 수용되는 경우를 전제로 한 위 피고들의 주장은 이유 없다.

[재개발 조합/ 현금청산대상자/ 주거이전비 지급] 주택재개발사업에 있어서 주거용 건축물의 소유자 중 현금청산대상자에 대하여도 구 토지보상법에 따른 주거이전비 및 이사비를 지급해야 하는지 여부(적극)(대법원 2013. 1. 16. 선고 2011두19185 판결)

판례해설

현금청산 대상자는 조합 사업에 더 이상 관여를 하지 않고 조합 사업에서 탈퇴하는 사람들이기 때문에 과연 주거이전비 및 이사비를 지급해야 하는지 의문이 들 수 있다.

그러나 대상판결은 재개발 사업에 한하여 도정법에서 토지보상법을 준용하고 있는 점, 토지보상법에서 토지를 수용당하는 건축물의 소유자들에 대하여 일정 금액의 주거이전비 및 이사비 보상을 규정하고 있는 점을 고려하여 현금청산자에게도 주거이전비 등을 지급하여야 한다고 판시하였고, 결국 이 판결로 인하여 재개발조합의 현금청산 대상자들 모두 주거이전비 등을 보상받게 되었다.

다만 "정비계획에 관한 공람·공고일부터 해당 건축물에 대한 보상을 하는 때까지 계속하여 소유 및 거주한 주거용 건축물의 소유자를 대상(대법원 2015. 2. 26. 선고 2012두19519 등 참조)"으로 하는바, 위 거주요건을 충족하여야 주거이전비·이사비를 지급받을 수 있다.

법원판단

구 '공익사업을 위한 토지 등의 취득 및 보상에 관한 법률'(2011. 8. 4. 법률 제11017호로 개정되기 전의 것, 이하 '공익사업법'이라고 한다) 제78조 제5항은 "주거용 건물의 거주자에 대하여는 주거이전에 필요한 비용과 가재도구 등 동산의 운반에 필요한 비용을 산정하여 보상하여야 한다."고 정하고 있고, 이에 따라 **공익사업법 시행규칙 제54조 제1항 본문**은 "공익사업시행지구에 편입되는 주거용 건축물의 소유자에 대하여는 당해 건축물에 대한 보상을 하는 때에 가구원수에 따라 2월분의 주거이전비를 보상하여야 한다."고 정하고, 제55조 제2항은 "공익사업시행지구에 편입되는 주거용 건축물의 거주자가 해당 공익사업시행지구 밖으로 이사를 하는 경우에는 별표 4의 기준에 의하여 산정한 이사비(가재도구 등 동산의 운반에 필요한 비용을 말한다)를 보상하여야 한다."고 정하여 공익사업시행지구에 편입되는 주거용 건축물에 거주하는 소유자에 대하여 주거이전비 및 이사비를 보상하도록 규정하고 있다.

그런데 도시정비법 제47조, 같은 법 시행령 제48조와 같은 법 제38조, 제40조 제1항 등에 의하면, 주택재개발사업의 사업시행자는 토지 등 소유자 중 분양신청을 하지 아니하거나 분양신청을 철회하는 등으로 현금청산대상자가 된 사람에 대하여 그에 해당하게 된 날부터 150일 이내에 토지·건축물 또는 그 밖의 권리에 관하여 현금으로 청산하되, 청산금액은 현금청산대상자와 사이에 협의하여 산정하여야 하고, **협의가 성립되지 아니할 때에는 공익사업법에 의한 수용절차로 이행할 것을 예정**하고 있다(대법원 2008. 3. 13. 선고 2006두2954 판결 등 참조).

위 각 법규정들을 종합하여 보면, **도시정비법상 주택재개발사업에**

있어서 주거용 건축물의 소유자인 현금청산대상자로서 현금청산에 관한 협의가 성립되어 사업시행자에게 주거용 건축물의 소유권을 이전하거나 현금청산에 관한 협의가 성립되지 아니하여 공익사업법에 의하여 주거용 건축물이 수용된 이에 대하여는 같은 법을 준용하여 <u>주거이전비 및 이사비를 지급하여야 한다</u>고 봄이 상당하다.

III. 현금 청산금 산정 기준 시점 및 절차

도정법 제73조(분양신청을 하지 아니한 자 등에 대한 조치)
① 사업시행자는 관리처분계획이 인가·고시된 다음 날부터 90일 이내에 다음 각 호에서 정하는 자와 토지, 건축물 또는 그 밖의 권리의 손실보상에 관한 협의를 하여야 한다. 다만, 사업시행자는 분양신청기간 종료일의 다음 날부터 협의를 시작할 수 있다.
1. 분양신청을 하지 아니한 자
2. 분양신청기간 종료 이전에 분양신청을 철회한 자
3. 제72조제6항 본문에 따라 분양신청을 할 수 없는 자
4. 제74조에 따라 인가된 관리처분계획에 따라 분양대상에서 제외된 자
② 사업시행자는 제1항에 따른 협의가 성립되지 아니하면 그 기간의 만료일 다음 날부터 60일 이내에 수용재결을 신청하거나 매도청구소송을 제기하여야 한다.
③ 사업시행자는 제2항에 따른 기간을 넘겨서 수용재결을 신청하거나 매도청구소송을 제기한 경우에는 해당 토지등소유자에게 지연일수(遲延日數)에 따른 이자를 지급하여야 한다. 이 경우 이자는 100분의 15 이하의 범위에서 대통령령으로 정하는 이율을 적용하여 산정한다.

[사업시행자의 청산금지급의무/ 청산금 기준일] 청산금 지급의무가 발생하는 시기는 분양신청 기간 종료 다음날이고 그 날이 가액 평가 기준일이

된다(대법원 2009. 9. 10. 선고 2009다32850,32867 판결)

> **판례해설**
>
> 도정법 제73조 2항에서는 분양신청을 하지 않은 자에 대하여 현금청산을 할 수 있다고 규정하고 있고, 재개발조합의 경우에는 그 기간 만료일로부터 60일 이내에 수용재결 신청을, 재건축조합일 경우 매도청구 소송을 제기하여야 함을 정하였다. 더 나아가, 동조 3항에서는 위 기간을 도과한 때로부터 지연이자를 부담하여야 함을 정하고 있다.
>
> 대상판결은 분양신청 종료일 또는 분양신청 기간 내에 분양신청을 철회한 경우 철회일을 기준으로 현금청산자로 확정되었다고 보고 그 일자를 기준으로 사업시행자는 청산금의 지급의무가 발생하고 그 날을 기준으로 청산금의 가액을 평가하여야 한다고 정리하였다.

법원판단(청산금 산정의 평가 기준시점에 대하여)

도시 및 주거환경정비법 제47조 제1, 2호의 규정에 따라 사업시행자는 토지 등 소유자가 분양신청을 하지 아니하거나 분양신청을 철회하는 경우에 '그 해당하게 된 날'부터 150일 이내에 대통령령이 정하는 절차에 따라 토지·건축물 또는 그 밖의 권리에 대하여 현금으로 청산하여야 하는데, **여기에서 분양신청을 하지 아니하거나 분양신청기간의 종료 이전에 분양신청을 철회한 토지 등 소유자에 대하여 청산금 지급의무가**

발생하는 시기는 도시 및 주거환경정비법 제46조의 규정에 따라 사업시행자가 정한 '분양신청기간의 종료일 다음날'이라고 보아야 하므로 (대법원 2008. 10. 9. 선고 2008다37780 판결 참조), **현금청산의 목적물인 토지·건축물 또는 그 밖의 권리의 가액을 평가하는 기준시점은 청산금 지급의무가 발생하는 시기인 '분양신청기간의 종료일 다음날'로 봄이 상당하다.**

원심판결 이유에 의하면, 원심은 2006. 10. 22.을 기준시점으로 평가한 이 사건 부동산 중 원고들 지분의 가액에 따라 청산금을 산정하였는바, 비록 원심이 '분양신청기간의 종료일 다음날'로서 청산금 지급의무가 발생하는 시기인 2006. 4. 9.이 아닌 2006. 10. 22.을 기준시점으로 삼아 평가한 원고들 지분의 가액에 따라 청산금을 산정하기는 하였으나, 그 가액 평가의 기준시점으로 삼은 2006. 10. 22.은 청산금 지급의무의 발생일인 2006. 4. 9.과 시간적 간격이 그다지 크지 않고 그 기간 사이에 가격변동이 있었다고 볼 만한 사정도 찾아볼 수 없으므로, 2006. 10. 22.을 기준시점으로 평가한 가액에 따라 청산금을 산정한 원심의 조치는 정당하고, 거기에 청산금 산정의 평가 기준시점에 관한 법리오해 등의 위법이 있다고 할 수 없다.

[조합원 지위 상실/ 현금청산 대상자/ 조합원 지위 상실 시점] 재건축조합원은 분양신청기간 종료일 또는 분양신청 기간 내에 철회한 경우 그 종료일 다음날 조합원의 지위를 상실하고 현금청산자로 된다(대법원 2010. 8.

19. 선고 2009다81203 판결)

법원판단

조합원의 지위를 상실하는 시점은 ① 재건축사업에서 현금청산관계가 성립되어 조합의 청산금 지급의무가 발생하는 시기이자 ② 현금청산에 따른 토지 등 권리의 가액을 평가하는 기준시점과 마찬가지로 분양신청을 하지 않거나 철회한 조합원은 분양신청기간 종료일 다음날 조합원의 지위를 상실한다고 보아야 한다.

위와 같은 법리에 비추어 보면, 원심으로서는 피고들이 분양신청을 하지 않아 현금청산대상자로 되었는지, 그에 따라 원고 조합의 조합원으로서의 지위를 상실하였는지, 원고 조합의 주장에 피고들에게 현금청산에 따른 소유권이전등기절차의 이행을 구하는 취지가 포함되어 있는지, 만일 그렇다면 원고 조합이 공탁한 청산금이 원고 조합의 청산금 지급의무 발생일을 기준시점으로 하여 토지 등 권리의 가액을 평가한 것으로서 적법한 변제공탁인지, 원고 조합의 청산금 지급의무가 피고들의 소유권 이전의무와 동시이행관계에 있는지 여부 등을 판단하여야 할 것이다.

[재개발조합/ 현금청산대상/ 재결신청] 도정법상 현금청산대상자는 청산금에 관한 협의가 이루어지지 않았을 경우 토지보상법상 협의 및 사전절

차를 거치지 않더라도 곧바로 재결신청을 할 수 있다(대법원 2015. 11. 27. 선고 2015두48877 판결)

> 도정법 제73조(분양신청을 하지 아니한 자 등에 대한 조치)
> ① 사업시행자는 <u>관리처분계획이 인가·고시된 다음 날부터 90일 이내에 다음 각 호에서 정하는 자와 토지, 건축물 또는 그 밖의 권리의 손실보상에 관한 협의</u>를 하여야 한다. 다만, 사업시행자는 분양신청기간 종료일의 다음 날부터 협의를 시작할 수 있다.

판례해설

원칙적으로 도시정비법상 재개발과 관련해서는 토지보상법이 준용되고, 토지 보상법에서 재결을 신청하기 위해서는 사업시행자가 토지소유자와 수용보상금 협의절차 등을 거쳐야만 비로소 재결신청을 할 수 있다.

대상판결에서 도시정비법상 사업시행자와 현금청산자 사이에 도정법상의 절차를 진행하였음에도 또다시 재결을 신청하기 위해서 **토지보상법상의 절차를 진행해야만 가능**한지 문제가 되었고, 원심에서는 도정법에서는 토지보상법의 절차를 준용하고 있는 점을 고려한다면 도정법의 절차 외에 토지보상법에 규정하고 있는 재결을 신청하기 위해서는 동법에 따른 절차를 재차 진행하여야 한다고 판시하였다.

그러나 대법원은 토지보상법상의 재결신청을 위한 일련의 절차는 이미 도정법상의 절차와 중복되는 점을 고려한다면 불필요한 이중의 절차를 거칠 필요가 없다고 판단한 것이다.

> 그러므로 조합은 도정법상 청산금 협의가 이루어지지 않으면 별도로 토지보상법상 절차들을 거칠 필요 없이 곧바로 재결신청을 할 수 있다.
>
> 조합 입장에서는 무용의 절차를 반복하지 않은 점에서 유익한 것으로 보이나, 다만 **60일 이내에 재결신청을 하지 않을 경우 가산금 지급을 당할 수 있으므로 특히 주의**를 요한다.

법원판단

1. 원심판결 이유를 본다.

원심은, ① 피고는 2007. 6. 25. 서울 서대문구 (주소 생략) 일대 283,260.7㎡에 대한 주택재개발정비사업의 시행을 위하여 설립된 주택재개발정비사업조합이고, 원고는 위 사업구역 내에 있는 토지 및 건물의 소유자인 사실, ② 피고는 2007. 9. 4. 서울특별시 서대문구청장으로부터 사업시행인가를 받은 후 조합원들을 상대로 분양신청기간을 2007. 9. 6.부터 2007. 10. 6.까지로 정하여 분양신청을 받았고 원고는 위 분양신청기간 내에 분양신청을 하였는데, 위 사업시행인가 후에 인가받은 2008. 6. 26.자 관리처분계획이 판결에 의하여 취소되자, 피고는 2011. 11. 7. 서울특별시 서대문구청장으로부터 사업시행변경인가를 받은 다음 다시 분양신청기간을 2011. 11. 9.부터 2011. 12. 11.까지(이하 '이 사건 분양신청기간'이라 한다)로 정하여 분양신청공고를 한 사실, ③

원고는 이 사건 분양신청기간에 분양신청을 하지 아니한 채 2011. 12. 8. 피고에게 종전의 분양신청을 철회하고 현금청산을 원한다는 의사를 표시하였고, 그 후 2012. 1. 10. 피고에게 이 사건 부동산에 관하여 조속히 재결신청을 하여 달라는 청구(이하 '이 사건 재결신청청구'라 한다)를 한 사실을 인정하였다.

원심은 위와 같은 사실관계를 토대로, 원고는 이 사건 분양신청기간 내에 분양신청을 하지 아니함으로써 구 도시 및 주거환경정비법(2012. 2. 1. 법률 제11293호로 개정되기 전의 것, 이하 '도시정비법'이라 한다) 제47조 제1호에 따라 이 사건 분양신청기간 만료일 다음날인 2011. 12. 12. 현금청산대상자가 되었다고 인정하면서, 도시정비법상 사업시행자와 현금청산대상자 사이에 청산금에 대한 협의가 성립되지 않을 때에는 공익사업을 위한 토지 등의 취득 및 보상에 관한 법률(이하 '토지보상법'이라 한다)에 의한 수용절차로 이행된다고 판단하였다.

그리고 <u>원심은, 도시정비법상 현금청산대상자와 사업시행자 사이의 청산금 협의 절차와 토지보상법상 수용재결의 전치절차인 수용보상금 협의 절차가 엄격히 구분되는 별도의 절차임을 전제로, 현금청산대상자인 토지등소유자는 도시정비법상의 청산금 협의가 성립되지 않았다고 하여 곧바로 토지보상법에 의한 재결신청을 청구할 수 있는 것이 아니라,</u> 토지보상법상 수용보상금 협의절차 및 그 사전절차로서의 토지조서 및 물건조서의 작성(제14조), 보상계획의 공고·통지 및 열람(제15조), 감정평가업자를 통한 보상액의 산정(제68조) 및 이를 기초로 한 사업시행자와의 협의(제16조) 등 토지보상법이 정하고 있는 각 단계별 절차를 모두 거쳤음에도 최종적으로 협의가 성립되지 아니하였을 경우(사업시행자의 협의 요구가 없거나 협의를 할 수 없는 경우를 포함)에 비로소 사업시행자에게 재결신청을 청구할 수 있다고 보았다.

그에 따라 원심은, 원고가 위와 같은 토지보상법상의 단계별 수용절차를 거치지 아니한 채 피고와 사이에 도시정비법상 청산금 협의가 성립될 가능성이 없다는 이유만으로 피고에게 이 사건 재결신청청구를 하였으므로, 이 사건 재결신청청구는 그 요건을 갖추지 못하여 효력이 없다고 봄이 상당하고, 따라서 이 사건 재결신청청구에 대하여 재결신청을 하지 아니한 피고의 부작위가 위법하다고 볼 수 없다고 판단하였다.

2. 그러나 원심의 이러한 판단은 받아들이기 어렵다.

(1) 도시정비법 제38조는 "사업시행자는 정비구역 안에서 정비사업(주택재건축사업의 경우에는 제8조 제4항 제1호의 규정에 해당하는 사업에 한한다. 이하 이 조에서 같다)을 시행하기 위하여 필요한 경우에는 공익사업을 위한 토지 등의 취득 및 보상에 관한 법률 제3조의 규정에 의한 토지.물건 또는 그 밖의 권리를 수용 또는 사용할 수 있다."고 규정하고 있고, 제40조 제1항 본문은 "정비구역 안에서 정비사업의 시행을

위한 토지 또는 건축물의 소유권과 그 밖의 권리에 대한 수용 또는 사용에 관하여는 이 법에 특별한 규정이 있는 경우를 제외하고는 공익사업을 위한 토지 등의 취득 및 보상에 관한 법률을 준용한다."고 규정하고 있다.

(2) 위와 같은 도시정비법령의 체계와 내용, 일반적인 공익사업과 구별되는 도시정비법상 정비사업의 절차진행의 특수성과 아울러, ① 도시정비법상 정비사업의 단계별 진행과정을 보면, **현금청산대상자와 사업시행자 사이의 청산금 협의에 앞서 사업시행인가 신청과 그 인가처분. 고시 및 분양신청 통지.공고 절차가 선행하게 되는데, 이를 통하여 수용의 대상이 되는 토지 등의 명세가 작성되고 그 개요가 대외적으로 고시되며, 세부사항이 토지등소유자에게 개별적으로 통지되거나 공고되는 점**, ② 따라서 토지등소유자에 대하여는 위와 같은 도시정비법 고유의 절차와 별도로 토지보상법상 토지조서 및 물건조서의 작성(제14조)이나 보상계획의 공고.통지 및 열람(제15조)의 절차를 새로이 거쳐야 할 필요나 이유가 없는 점, ③ 토지보상법상 손실보상의 협의는 사업시행자와 토지등소유자 사이의 사법상 계약의 실질을 갖는다(대법원 2014. 4. 24. 선고 2013다218620 판결 참조)는 점에서 도시정비법상 협의와 그 성격상 구별된다고 보기 어려운 점, ④또한, 도시정비법은 협의의 기준이 되는 감정평가액의 산정에 관하여 별도의 규정을 두고 있으므로, 토지보상법상 감정평가업자를 통한 보상액의 산정(제68조)이나 이를 기초로 한 사업시행자와의 협의(제16조) 절차를 따로 거칠 필요도 없는

점 등에 비추어 보면, **토지보상법상 협의 및 그 사전절차를 정한 위 각 규정은 도시정비법 제40조 제1항 본문에서 말하는 '이 법에 특별한 규정이 있는 경우'에 해당하므로 도시정비법상 현금청산대상자인 토지등소유자에 대하여는 준용될 여지가 없다고 보아야 한다.**

(3) 그럼에도 원심은 이와 달리, **도시정비법상 정비사업인 이 사건 주택재개발사업에 위 각 토지보상법상 절차규정이 그대로 준용됨을 전제로, 그와 같은 절차를 거치지 않은 채 이루어진 이 사건 재결신청청구가 효력이 없으므로 그에 대하여 재결신청을 하지 아니한 피고의 부작위가 위법하지 않다고 판단하였다.** 이러한 원심의 판단에는 도시정비법상 준용되는 토지보상법 규정의 범위에 관한 법리를 오해하여 판결에 영향을 미친 위법이 있다.

[현금청산/ 청산금 평가방법/ 법원준수 여부] 현금청산 관련하여 이미 법원에 소송이 제기된 경우 청산금 평가 방법으로 도정법 제73조, 동법 시행령 제60조를 반드시 준수하여야 하는지 여부(대법원 2009. 9. 10. 선고 2009다32850,32867 판결)

도정법 시행령 제60조(분양신청을 하지 아니한 자 등에 대한 조치) ① 사업시행자가 법 제73조제1항에 따라 토지등소유자의 토지, 건축물 또는 그 밖의 권리에 대하여 현금으로 청산하는 경우 청산금액은 사업시행자와 토지등소유자가 협의하여 산정한다. 이 경우 재개발사업의 손실보상액의 산정을 위한 감정평가업자 선정에 관하여는 「공익사업을 위한 토지 등의 취득 및 보상에 관한 법률」 제68조제1항에 따른다.

> **판례해설**
>
> 구 도정법 제47조(현행 제73조) 및 동법 시행령 제48조(현행 제60조)에 의하면 토지등 소유자가 분양신청을 하지 않거나 철회할 경우 청산금액은 사업시행자와 토지등 소유자가 협의를 통하여 진행할 수 있고, 감정평가업자 2인 이상이 평가한 금액을 산술평균하여 산정한 금액을 기준으로 협의할 수 있다고 규정하고 있는 바, **이는 소송이라는 절차외에서 당사자 사이에 협의하는 경우를 의미하는 것으로 소송절차에서 법원 감정을 통하여 청산금을 정하는 것이 부적법하다**고 볼 수 없다.

법원판단

도시 및 주거환경정비법 제47조에서는 사업시행자는 토지 등 소유자가 분양신청을 하지 아니하거나 분양신청을 철회하는 경우에 그때로부터 150일 이내에 대통령령이 정하는 절차에 따라 토지·건축물 또는 그 밖의 권리에 대하여 현금으로 청산하여야 하는 것으로 규정하고 있고, 도시 및 주거환경정비법 시행령 제48조에서는 '사업시행자가 도시 및 주거환경정비법 제47조의 규정에 의하여 토지 등 소유자의 토지·건축물 그 밖의 권리에 대하여 현금으로 청산하는 경우 청산금액은 사업시행자와 토지 등 소유자가 협의하여 산정하고, 이 경우 시장·군수가 추천하는 「부동산가격공시 및 감정평가에 관한 법률」에 의한 감정평가업자 2인 이상이 평가한 금액을 산술평균하여 산정한 금액을 기준으로 협의할 수 있다'라고 규정하고 있다.

그러나 위 규정은 사업시행자와 토지 등 소유자 사이에 청산금액을 협의하여 정할 경우의 평가방법에 관한 것일 뿐이므로, 청산금의 지급을 구하는 소송에 있어서 법원은 적절한 방법으로 청산금액을 평가하면 족한 것이지, 반드시 위 시행령 제48조에서 정한 방법으로 청산금액을 산정하여야 하는 것은 아니다.

원심판결 이유에 의하면, 원심은 제1심 법원이 선정한 감정인의 시가감정 결과를 기초로 이 사건 청산금액을 산정하였음을 알 수 있는바, 위 법리와 기록에 비추어 살펴보면, 원심의 이러한 조치는 정당하고, 거기에 상고이유 주장과 같은 청산금 산정의 평가방법에 관한 법리오해 등의 위법이 있다고도 할 수 없다.

IV. 가산금 조항의 해석

[현금청산자/ 수용재결 또는 매도청구/ 가산금] 도정법 제73조 3항에서 정하는 손실보상금과 관련된 가산금 관련 사례 (대법원 2014. 8. 26. 선고 2013두4293 판결)

> **판례해설**
>
> 도정법 제73조에 따라 사업시행자는 관리처분계획이 고시된 이후 90일 이내 각호에 있는 자들과 협의를 하여야 하고, **협의가 진행되지 않을 경우 60일 이내에 수용재결을 신청하거나 매도청구 소송**을 하여야 하며, 위 기간을 도과한 경우에는 가산금을 부담하게 된다.
>
> 분양신청을 하였다가 분양신청기간 종료 후 분양신청을 철회한 자에 대한 청산금 지급의무의 발생시기는 **'분양계약체결기간의 종료일 다음 날'**이다.
>
> 당해 사안의 경우 **분양신청기간 종료 후 분양신청을 철회한 자**에 대하여 분양계약 체결기간에 이르기 전에 조합의 재결신청과 그에 따른 수용재결이 이루어진 사안으로서 **조합의 청산금 지급의무가 발생하기도 전인바**, 사업시행자의 재결신청 지연을 이유로 한 가산금이 발생할 여지가 없다고 판시한 판결이다.

법원판단

가. 원심은, 현금청산대상자인 원고들은 사업시행자인 피고를 상대로 수용재결을 신청할 것을 청구할 수 있고, **피고가 통지한 보상 협의기간인 2010. 3. 12.부터 2010. 4. 15.까지 사이에 협의가 성립되지 아니하였으므로, 피고에게는 위 협의기간 이후 수용재결신청청구서를 발송한 원고 4와의 관계에서는 그 청구서가 피고에게 도달한 2010. 4. 28.부터 60일이 되는 2010. 6. 27.까지, 나머지 원고들과의 관계에서는 위 협의기간 만료일 다음 날인 2010. 4. 16.부터 60일이 되는 2010. 6. 15.까지 관할 토지수용위원회에 수용재결을 신청할 의무가** 있었다고 할 것인데, 피고는 그 기간이 지난 후인 2010. 11. 19.에야 비로소 수용재결을 신청하였으므로 구 공익사업을 위한 토지 등의 취득 및 보상에 관한 법률 (2011. 8. 4. 법률 제11017호로 개정되기 전의 것, 이하 '공익사업법'이라 한다) 제30조 제3항에 따라 원고 4에게는 재결신청이 지연된 기간 145일에 대한 가산금 및 이에 대한 지연손해금을, 나머지 원고들에게는 그 지연기간 157일에 대한 가산금 및 이에 대한 지연손해금을 지급할 의무가 있다고 판단하였다.

나. 그러나 원심의 이러한 판단은 다음과 같은 이유에서 수긍할 수 없다.

분양신청을 한 토지 등 소유자가 분양계약을 체결하지 않거나 사업시행자에게 분양신청을 철회하는 등으로 분양계약의 체결의사가 없음을 명백히 표시하고 사업시행자가 이에 동의함으로써 추가로 현금청산대상자가 된 경우, 그러한 현금청산대상자에 대한 사업시행자의 청산금 지급의무는 '분양계약 체결기간의 종료일 다음 날' 발생하므로, 분양계약 체결기간에도 이르기 전에 사업시행자의 재결신청과 그에 따른 수용재결이 이루어진 경우에는 사업시행자의 재결신청 지연을 이유로 한 공익사업법 제30조 제3항이 정한 가산금은 발생할 여지가 없다(대법원 2013. 1. 24. 선고 2011두22778 판결 등 참조).

원심판결 이유 및 기록에 의하면, 원고들이 분양신청을 하였다가 분양신청기간 종료 후 그 분양 신청을 철회하고 나서 피고에게 수용재결을 신청할 것을 청구하고, 피고가 2010. 11. 19. 서울특별시 지방토지수용위원회에 수용재결을 신청한 사실, 위 위원회는 2011. 1. 14. 수용재결을 하였는데, 당시까지 분양계약 체결기간이 결정되지 않았던 사실(분양계약 체결기간은 2012년 3월로 예정되었던 것으로 보인다)을 알 수 있는바, 위와 같은 사실관계를 앞서 본 법리에 비추어 보면, 분양계약 체결기간에도 이르기 전에 사업시행자인 피고의 재결신청과 그에 따른 수용재결이 이루어진 이 사건에서 피고의 재결신청 지연을 이유로 한 구 공익사업법 제30조 제3항이 정한 가산금은 발생하지 않는다고 할 것이다.

[재개발 조합/ 현금청산자/ 청산금지급의무 발생시기] 조합원으로서 분양신청 기간 이후 분양계약을 체결하지 않은 자에 대한 청산금 지급의무 발생시기는 분양계약체결기간 종료일 다음날이고, 그 때부터 지연이자가 발생한다(대법원 2011. 12. 22. 선고 2011두17936 판결)

> **판례해설**
>
> 재개발 조합에서 현금청산자에 대한 청산금 지급의무 발생시기는 통상 분양 신청을 하지 않은 자, 분양신청기간 종료 이전에 분양신청을 철회한 자에 대하여는 '**분양신청기간의 종료일 다음날**'이나, 분양신청을 한 이후 계약을 체결하지 않음으로써 현금청산자가 된 자에 대하여는 '**분양계약체결기간의 종료일 다음날**'이다. 조합이 수용재결신청을 지연하는 경우에 이를 기준으로 지연이자가 산정된다.

법원판단

1. 도시 및 주거환경정비법(이하 '도시정비법'이라 한다) 제47조 제2호에 따르면 사업시행자는 분양신청을 철회한 토지 등 소유자에 대하여는 '그 해당하게 된 날'부터 150일 이내에 대통령령이 정하는 절차에 따라 토지·건축물 또는 그 밖의 권리에 대하여 현금으로 청산하여야 하는데, 여기에서 말하는 **분양신청을 철회한 자**라고 함은 분양신청기간 내에 분양신청을 하였으나 그 기간이 종료되기 전에 이를 철회함으로써 같은

조 제1호의 분양신청을 하지 아니한 자와 마찬가지로 관리처분계획의 수립과정에서 현금청산대상자가 된 자를 가리킬 뿐, **분양신청을 한 토지 등 소유자가 "분양신청기간이 종료된 후"**에 임의로 분양신청을 철회하는 것까지 당연히 허용되어 그에 따라 위에서 말하는 분양신청을 철회한 자에 해당하게 된다고 볼 수 없다.

다만 사업시행자의 정관이나 관리처분계획에서 조합원들에 대하여 분양신청기간 종료 후 일정한 기간 내에 분양계약을 체결할 것을 요구하면서 그 기간 내에 분양계약을 체결하지 아니한 자에 대하여는 그 권리를 현금으로 청산한다는 취지를 정한 경우, **이는 사업시행자가 조합원이었던 토지 등 소유자에 대하여 해당 기간에 분양계약의 체결을 거절하는 방법으로 사업에서 이탈할 수 있는 기회를 추가로 부여한 것으로 볼 수 있고, 이에 따라 당초 분양신청을 했음에도 분양계약을 체결하지 아니함으로써 추가로 현금청산대상자가 된 자에 대한 사업시행자의 청산금 지급의무는 '분양계약체결기간의 종료일 다음날' 발생**하는 것으로 보아야 한다(대법원 2008. 10. 9. 선고 2008다37780 판결, 대법원 2011. 7. 28. 선고 2008다91364 판결 등 참조).

2. 원심은 제1심판결을 인용하여 그 판시와 같은 사실을 인정한 후, 원고가 분양신청기간 내에 분양신청을 하였다가 분양신청기간 종료 후에 임의로 분양신청을 철회하였더라도 **이 사건 관리처분계획에서 정한 분양계약체결기간의 종료일까지는 원고에 대한 청산금지급의무는 발생**

하지 아니하므로, 원고가 이와 다른 전제에 서서 재결신청 청구일을 기준으로 그로부터 60일이 경과한 때부터 지연가산금을 받아야 한다고 주장하는 것은 받아들일 수 없다고 판단하였다.

[재개발조합/ 토지수용/ 수용보상금 지연이자] 재결이 실효되었다면 보상협의 절차는 재차 거칠 필요는 없고 그에 따른 지연이자만이 문제가 되지만 쌍방 합의 하에 보상협의 절차를 재차 진행한 경우에는 지연이자는 발생하지 않는다(대법원 2017. 4. 7. 선고 2016두63361 판결)

> **토지보상법 제42조(재결의 실효)** ① 사업시행자가 수용 또는 사용의 개시일까지 관할 토지수용위원회가 재결한 보상금을 지급하거나 공탁하지 아니하였을 때에는 해당 토지수용위원회의 재결은 효력을 상실한다.
> ② 사업시행자는 제1항에 따라 재결의 효력이 상실됨으로 인하여 토지소유자 또는 관계인이 입은 손실을 보상하여야 한다.
> ③ 제2항에 따른 손실보상에 관하여는 제9조제5항부터 제7항까지의 규정을 준용한다.

판례해설

사업시행자로서는 **수용개시일까지 재결보상금을 지급 또는 공탁하여야 하고 그렇지 않을 경우에는 재결은 실효되며 그에 따른 손실을 보상**하여야 한다(토지보상법 제42조). 더 나아가 재결이 실효된 이후 60일 이내에 재결신청을 하지 않을 경우에는 지연가산금이 부과될 수 있다.

> 대상판결에서는 재결이 실효된 이후 60일 이내에 재결신청을 하지 않았
> 으나 재결신청을 하지 않았다는 점에 관하여 특별한 사정이 있는 경우에는
> 지연 가산금을 부담하지 않을 수 있다고 판단하면서 그 특별한 사유로서 사
> 업시행자가 소유자와 협의를 하는 경우를 인정하고 있다.
>
> 대상판결에서 특별히 주의할 내용은 **재결실효 된 이후 보상협의 절차를
> 재차 거칠 필요는 없고** 더 나아가 사업시행자가 지연가산금을 잠탈할 의도
> 로 외관상 협의 절차는 만들 수도 있으나 중요한 점은 협의 절차를 쌍방 즉
> 사업시행자와 더불어 소유자까지도 인정하여 실질적 협의를 한 경우만을
> 의미하는 것으로 협의자체를 진행할 여지조차 없는 경우라고 한다면 이 기
> 간은 무용한 기간으로 그 기간동안에는 당연히 지연가산금은 **부담**하여야
> 할 것이다.

법원판단

가. 법리

공익사업을 위한 토지 등의 취득 및 보상에 관한 법률(이하 '토지
보상법'이라고 한다) 제30조에 의하면, **사업인정고시가 있은 후 협의
가 성립하지 아니한 경우에는 토지소유자 및 관계인**(이하 '토지소유자
등'이라고 한다)은 서면으로 사업시행자에게 재결을 신청할 것을 청구
할 수 있고(제1항), **사업시행자는 그 청구가 있은 날부터 60일 이내에
관할 토지수용위원회에 재결을 신청하여야 하며**(제2항), 만일 사업시

행자가 그 기간을 경과하여 재결을 신청한 때에는 그 지연한 기간에 대하여 소송촉진 등에 관한 특례법 제3조에 따른 법정이율을 적용하여 산정한 금액(이하 '지연가산금'이라고 한다)을 관할 토지수용위원회에서 재결한 보상금(이하 '재결 보상금'이라고 한다)에 가산하여 지급하여야 한다(제3항).

한편 사업시행자가 수용의 개시일까지 재결 보상금을 지급 또는 공탁하지 아니한 때에는 토지수용위원회의 재결은 효력을 상실하고(토지보상법 제42조 제1항), 사업시행자의 재결신청도 효력을 상실하므로(대법원 1987. 3. 10. 선고 84누158 판결 참조), 사업시행자는 다시 토지수용위원회에 재결을 신청하여야 한다. 그 신청은 재결실효 전에 토지소유자 등이 이미 재결신청 청구를 한 바가 있을 때에는 재결실효일부터 60일 내에 하여야 하고, 그 기간을 넘겨서 재결신청을 하면 그 지연된 기간에 대하여도 지연가산금을 지급하여야 한다(대법원 2015. 2. 26. 선고 2012두11287 판결 참조).

토지보상법은 재결이 실효됨으로 인하여 토지소유자 등이 입은 손실을 보상하는 규정(토지보상법 제42조 제2항, 제3항)을 지연가산금 규정과 별도로 두고 있는데, 지연가산금은 사업시행자가 정해진 기간 내에 재결신청을 하지 않고 지연한 데 대한 제재와 토지소유자 등의 손해에 대한 보전이라는 성격을 아울러 가지고 있고 보아야 한다.

위와 같이 재결이 실효된 이후 **사업시행자가 다시 재결을 신청할 경우에는 원칙적으로 다시 보상협의절차를 거칠 필요가 없으므로**(위 대법원 2012두11287 판결 참조), **재결실효일부터 60일이 지난 다음에는 지연가산금이 발생한다는** 것이 원칙이다. 그러나 사업시행자가 재결실효 후 60일 내에 재결신청을 하지 않았더라도, 재결신청을 지연하였다고 볼 수 없는 특별한 사정이 있는 경우에는 그 해당 기간 동안은 지연가산금이 발생하지 않는다고 보아야 한다. 재결실효 후 토지소유자 등과 사업시행자 사이에 보상협의절차를 다시 하기로 합의한 데 따라 그 협의가 진행된 기간은 그와 같은 경우에 속한다고 봄이 타당하다.

나. 원심판결 이유와 원심이 적법하게 채택한 증거들에 의하면 다음과 같은 사실을 알 수 있다.

(1) 원고들은 2010. 1. 29. 이 사건 사업의 종전 사업시행자였던 우양에이치씨에 대하여 이 사건 사업구역 내에 위치한 원고들 소유의 이 사건 토지에 관하여 수용재결 신청을 청구하였다. 이에 우양에이치씨가 재결을 신청하여 2010. 8. 23. 수용재결(이하 '제1차 수용재결'이라고 한다)이 이루어졌으나, 제1차 수용재결에서 정한 수용개시일(2010. 9. 23.)까지 재결 보상금을 지급 또는 공탁하지 못함에 따라 제1차 수용재결은 그 효력을 상실하였다.

(2) 이후 2011. 7. 28.자 평택 포승2 일반산업단지 개발계획 및 실시

계획 변경고시(경기도 고시 제2011-200호)에 따라 이 사건 사업의 시행자가 피고로 변경되었다. 피고는 원고들을 포함한 토지소유자 등에게 보상일정 안내와 감정평가업자 추천을 요청하는 내용의 공문을 발송하였고, 2011. 9. 19. 이 사건 사업구역 내 토지소유자 등으로 구성된 '포승2산업단지 신비상대책위원회'(이하 '이 사건 비대위'라고 한다)와 사이에 보상업무협약을 서면으로 체결하였다. 위 보상업무협약의 내용에 따르면 주민 대표, 평택도시공사와 피고가 감정평가사 1인씩을 선정하여 감정평가절차를 거치는 것으로 예정되어 있었다.

(3) 피고는 위 보상업무협약에 따라 세 곳의 감정평가법인에 의뢰하여 감정평가서를 제출받은 다음 협의기간을 2011. 11. 16.부터 2011. 12. 16.까지로 정하여 원고를 비롯한 토지소유자 등과 손실보상협의를 진행하였으나, 그 협의가 성립하지 않자 2012. 1. 30. 다시 수용재결을 신청하였다.

다. 위와 같은 사실관계를 앞에서 본 법리에 비추어 살펴보면, **종전 사업시행자인 우양에이치씨가 원고들의 수용재결신청 청구에 따라 수용재결을 신청하였다가 그 재결에서 정한 수용의 개시일까지 재결 보상금을 지급 또는 공탁하지 않아 제1차 수용재결이 실효되었으므로, 이후 이 사건 사업시행자로서의 권리·의무를 승계한 피고로서는 원칙적으로 다시 토지소유자 등과 보상협의절차를 거칠 필요가 없었다. 그런데도 새로 이 사건 사업시행자가 된 피고가 토지소유자 등에게 보상일**

정 안내와 감정평가업자 추천을 요청한 다음 토지소유자 등으로 구성된 이 사건 비대위와 보상업무협약을 체결하게 된 협약체결 경위와 협약 내용 등에 비추어 보면, **피고와 토지소유자 등은 제1차 수용재결의 실효 후 보상협의절차를 다시 한 번 밟기로 합의한 것으로 볼 여지가 있다.** 그리고 그러한 합의가 성립되었다면, 제1차 수용재결 실효 후 피고가 2차 수용재결을 신청하기까지의 기간 중 토지소유자 등과 보상업무협약을 체결한 2011. 9. 19.부터 약정된 재협의기간의 만료일 또는 실제 재협의가 결렬되어 종료된 날까지의 기간에 대해서는 우양에이치씨 또는 피고가 재결신청을 지연한 것이라고는 할 수 없으므로, 그 기간은 토지보상법 제30조 제3항에 따른 지연가산금이 발생하지 않는다고 보아야 한다.

그러므로 원심으로서는 피고와 이 사건 비대위 사이에 위 보상업무협약이 체결된 구체적 경위와 약정 내용, 이후의 이행과정과 원고들이 여기에 관여한 내용 등을 더 심리하여 과연 위 보상업무협약 등을 근거로 원고들과 피고 사이에 재협의절차를 밟기로 하는 합의가 이루어졌다고 볼 수 있는지 여부를 판단한 다음 앞에서 본 법리에 따라 피고가 부담하여야 하는 지연가산금의 발생 기간을 판단하였어야 한다. 그런데도 원심은 이러한 사정에 관하여 나아가 판단하지 않은 채, 제1차 수용재결이 실효되고 60일이 지난 시점부터 피고가 다시 수용재결신청을 하기 전날까지 지연가산금이 발생한다고 판단하였다. 이러한 원심의 판단에는 토지보상법 제30조 제3항이 정한 재결신청 지연가산금에 관한 법리를 오해한 나머지 필요한 심리를 다하지 않아 판결에 영향을 미친 잘못이 있다. 이를 지적하는 취지의 상고이유 주장은 이유 있다.

V. 법적절차

[주택재개발조합/ 토지수용/ 공법상 당사자소송] 재개발조합은 공법상 단체이므로 현금청산자의 조합에 대한 청산금 청구는 행정소송의 하나인 공법상 당사자소송으로 다투어야 한다(서울고등법원 2013. 4. 17. 선고 2012나94843)

> **판례해설**
>
> 주택재개발사업은 단순히 주택개량이나 재건축사업이 아니라 도시계획 차원에서 건축물이 노후 또는 불량하여 그 기능을 다할 수 없거나 과도하게 밀집되어 그 구역 안의 토지의 합리적인 이용과 가치의 증진이 곤란할 경우 진행되는 사업으로서 도시 기능을 회복하고 공공복리의 증진을 목적으로 다소 강제적인 방법으로 시행하는 공공사업의 성격을 가지고 있다.
>
> 결국 그 사업의 성격이 이와 같다면 해당 소송의 형태 역시 공법상 당사자 소송으로서 행정소송의 성질을 띠고 있고 따라서 단순히 민사법원으로 소를 제기하였을 경우 이는 관할위반에 해당하여 원칙적으로 각하 당할 수밖에 없다.
>
> 대상판결은 현금청산자의 조합에 대한 청산금 청구는 민사소송이 아닌

공법상 당사자소송으로 다투어야 한다고 판시하였다. 다만 법원은 기간의 준수등을 고려하였던 것인지 무조건 각하하기 보다는 행정소송으로서의 요건을 갖추고 있다면 행정법원으로 이송하는 절차를 진행하여야 한다고 판시하여 당사자의 소송 절차를 보장하여 주었다.

다만 재건축조합과 관련한 현금청산의 기본적인 형태는 아직까지 명시적인 판단이 없으므로 다툼의 여지가 존재한다.

법원판단

가. 주택재개발정비사업에서의 현금청산 청구권의 법적 성질

살피건대, **주택재개발사업이란 도시환경을 개선하고 주거생활의 질을 높일 목적으로 정비기반시설이 열악하고 노후·불량건축물이 밀집한 지역에서 주거환경을 개선하기 위하여 정비기반시설을 정비하거나 주택 등 건축물을 개량하거나 건설하는 사업**이다[구 도시정비법(2002. 12. 30. 법률 제6852호로 제정되고 2012. 2. 1. 법률 제11293호로 개정되기 전의 것) 제2조 제2호 참조, 이하 도시정비법의 각 조항은 이 사건 주택재개발정비사업에 적용되는 도시정비법의 연혁에 따른 것이라고 본다]. 따라서 주택재개발사업은 단순히 주택개량이나 재건축사업이 아니라 도시계획 차원에서 건축물이 노후 또는 불량하여 그 기능을 다할 수 없거나 과도하게 밀집되어 그 구역 안의 토지의 합리적인 이용과 가

치의 증진이 곤란할 때 다음과 같은 일련의 절차를 거치게 된다. 즉 도시·주거환경정비기본계획의 수립(도시정비법 제3조)·정비계획의 수립 및 정비구역의 지정(도시정비법 제4조)·주택재개발조합의 설립인가(도시정비법 제16조)·사업시행인가(도시정비법 제28조) 등 일련의 절차를 거친다. 그리고 이는 뒤에서 보는 바와 같이 도시기능을 회복하고 공공복리의 증진을 목적으로 다소 강제적인 방법으로 시행하는 공공사업이므로, 도시정비법은 위와 같은 재개발사업을 시행하는데 있어서 다음과 같은 여러 가지 특성을 부여하고 있다. 즉, 재개발사업에 소요되는 비용의 국가 또는 지방자치단체의 보조 및 융자(도시정비법 제63조), 임시수용시설 등을 위한 토지의 사용(도시정비법 제36조), 재개발사업에 필요한 토지 등의 수용 또는 사용 및 '공익사업을 위한 토지등의 취득 및 보상에 관한 법률'의 준용(도시정비법 제38조, 제40조), 사업시행으로 인한 청산금에 대한 지방세 징수절차에 의한 강제징수와 행정기관에의 징수위탁의 인정(도시정비법 제58조)과 재개발사업에 대한 행정관청의 감독(도시정비법 제77조) 등이 있다.

위와 같은 점을 모두 고려하면, 주택재개발조합은 공익법인으로서 주택재개발정비사업이라는 공공사업의 시행을 그 설립목적으로 하고, 그 지위에서 사업시행계획과 관리처분계획의 수립, 청산금부과 등 관계 법령이 정하는 바에 따라 일정한 행정작용을 수행한다. 따라서 주택재개발조합이 시행하는 사업의 여러 절차에 있어서 그 조합원과의 관계를 규율하는 도시정비법의 조항들은 공법관계를 규율하고 있으며 이에 기한 청구권은 "**공법상 권리**"이다. 그리고 분양계약 중 조합과 조합원 사이의 특정 건축물에 대한 건물의 완성 및 권리이전에 관한 법률관계는 도시정비법과 이에 근거를 둔 관리처분계획에 근거를 둔 것이다. 따라서 분양계약을 체결하지 아니한 경우의 조합과 조합원의 법률관계는 도시정비법 제57조에 따라 청산되어야 한다.

그러므로 원고의 주장은 모두 청구권의 근거가 공법규범에 근거하고 있고, 주택재개발정비사업에서의 조합원에 대한 현금청산은 주택재개발사업의 일련의 과정에 포함되는 것으로서 후속절차에도 영향을 미치므로 <u>주택재개발정비사업에서의 현금청산 소송은 공법상 당사자소송으로 다루는 것이 합리적이고 합목적적이다.</u>

나. 행정사건 관할의 전속성

행정소송법 제9조 제1항 전단은 '취소소송의 제1심 관할법원은 피고의 소재지를 관할하는 행정법원으로 한다'고 규정하고 있고, 같은 법 제40조는, 이를 당사자소송에 준용한다. 이 경우 행정사건은 행정법원의 전속관할에 속한다고 보아야 하므로, 행정법원의 전속관할에 속하는 사건을 행정법원이 아닌 일반 지방법원이 심리·판단하는 것은 전속관할 위반이 된다. 그리고 행정소송법 제7조는 원고의 고의 또는 중대한 과실 없이 행정소송이 심급을 달리하는 법원에 잘못 제기된 경우에 민사소송법 제31조 제1항을 적용하여 이를 관할 법원에 이송하도록 규정하고 있을 뿐 아니라, 관할 위반의 소를 부적법하다고 하여 각하하는 것보다 관할 법원에 이송하는 것이 당사자의 권리구제나 소송경제의 측면에서 바람직하다. 따라서 원고가 고의 또는 중대한 과실 없이 행정소송으로 제기하여야 할 사건을 민사소송으로 잘못 제기한 경우, 수소법원으로서는 만약 그 행정소송에 대한 관할도 동시에 가지고 있다면 이를 행정소송으로 심리·판단하여야 하고, 그 행정소송에 대한 관할을 가지고 있지 아니하다면 당해 소송이 이미 행정소송으로서의 전심절차 및 제소기간을 도과하였거나 행정소송의 대상이 되는 처분 등이 존재하지도 아니한 상태에 있는 등 행정소송으로서의 소송요건을 결하고 있음이 명백하여 행정소송으로 제기되었더라도 어차피 부적법하게 되는 경우가 아닌 이상 이를 부적법한 소라고 하여 각하할 것이 아니라 관할 법원에 이송하여야 한다(대법원 1997. 5. 30. 선고 95다28960 판결 등 참조).

02

권형필 변호사의
재개발·재건축 조합 분쟁 사례 시리즈

03.
재개발 조합과 토지수용

I. 재개발 조합과 토지수용

[재개발조합/ 토지수용/ 이의유보 없는 수령] 토지수용 보상금을 토지소유자가 아무런 이의 없이 수령하였다면 그 재결에 승복한 것으로 보아야 한다(대법원 1983. 2. 22. 선고 81누311 판결)

> 판례해설
>
> 토지 수용위원회에서 재결한 토지 보상금을 토지 소유자가 아무런 이의 없이 수령하였다면 그 재결에 승복한 것으로 간주되고, 더 이상 해당 재결에 대하여 다툴 수 없다는 판례이다. 이미 오래전 성립된 법리로서 결국 토지 소유자는 재결에 이의가 있는 경우에는 이의신청등 불복 절차를 진행하여야 하고 기업자의 입장에서는 공탁절차를 통하여 가산금 등이 나오지 않도록 하여야 할 것이다.

> 법원판단
>
> 토지수용을 하는 기업자가 관할 토지수용위원회가 재결한 보상금을 토지소유자에게 제공하고 토지소유자가 이를 아무런 이의를 유보함

이 없이 수령하였다면** 그 후 비록 그 재결에 대하여 이의신청을 한 바 있다 하더라도 그 토지의 소유자는 **그 재결에 승복한 것이라고 보아야 할 것인바**, 같은 취지에서 원심이, 이 사건 토지수용에 있어 토지소유자인 소외 심인숙이 1차 재결이 있은 후 기업자인 원고에게 이 사건 토지에 대한 소유권이전등기를 건네주어 1980.5.20 원고 명의로 소유권이전등기가 경료된 다음, 같은 달 23 원고로부터 위 재결에 따른 보상금 52,174,650원 전액을 수령한 사실을 확정하고 나서 특별한 사정이 없는 한 위 소외인은 위 재결에 승복한 것으로 볼 것이므로 위 재결의 효력을 다툴 이익이 없다는 전제 아래, 같은 해 6.23자의 위 소외인의 위 재결에 대한 이의는 부적법하고 이에 바탕을 둔 이 사건 변경재결 역시 위법하다고 본 원심의 판단은 정당하다 할 것이고, 이와 같은 경우 이의의 유보가 있다고 보아야 한다는 논지는 이유없다.

[재개발조합/ 토지 수용/ 이의유보] 기업자가 공탁한 공탁금에 대하여 일부 수령이라는 등의 이의유보 의사를 표명하였을 경우 재결에 승복한 것이라고 볼 수 없다(대법원 1987. 5. 12 선고 86누498 판결).

> **판례해설**
>
> 이전 판례(대법원 81누311)와 다르게 **이 사건은 공탁금을 수령할 때 이의를 유보하고 받았던 것**으로 보인다. 사정이 이와 같다면 결국 토지수용위원회의 수용재결에 대하여 승낙한 것으로 볼 수 없고, 결국 그에 대한 불복절차가 적법하다고 판시하였다.

> 다만 공탁 자체에 이의 유보라는 조건을 행사하고 받을 수 있는지는 다소 의문이다.

법원판단

토지소유자가 토지수용법 제61조 제2항 제1호 또는 제3호의 규정에 의하여 기업자로부터 지급되거나 공탁된 보상금을 수령하였다고 하더라도 그 수령시에 일부의 수령이라는 등 **이의유보의사를 밝힌 이상 토지수용위원회의 재결에 승복한 것으로는 볼 수 없다**고 할 것인바(당원 1985.8.20 선고 83누303 판결 참조), 원심이 확정한 바와 같이 **토지소유자인 원고가 기업자인 피고보조참가인이 공탁한 원재결에서 결정된 보상금 49,096,000원을 이의신청 및 행정소송을 유보하는 조건을 붙여 수령한 후 이의신청을 거쳐 본건 행정소송을 제기**하였다면 비록 원고가 본건 소송제기 이후에 피고 보조참가인으로부터 이의재결에서 증액된 보상금 1,485,800원을 이의유보를 하지 않은 채 수령하였다 하더라도 이로써 이의재결에 승복한 것으로는 볼 수 없다 할 것이므로 같은 견해 아래 피고의 본안전 항변을 배척한 원심조처는 정당하고, 거기에 토지수용보상금 지급의 법리를 오해한 위법이 있다 할 수 없다. 논지는 이유없다.

[토지보상/ 이의유보/ 소제기 이후 수령] 토지소유자가 이의재결의 효력

을 다투는 행정소송 계속 중 이의재결에서 증액된 추가보상금을 이의유보 없이 수령한 경우의 문제(대법원 1990. 10. 23. 선고 90누6125 판결)

판례해설

종전 대법원은 수용재결 이후 이의 유보하고 공탁금을 수령한 후 소송 진행 도중 추가 공탁금에 대하여 이의 유보없이 전부 수령하였더라도 이의 재결에 승복한 것으로는 볼 수 없다는 판결(대법원 86누498 판결)을 한 바 있으나 본 대상판결을 통해 이러한 내용을 명확히 정리하였다.

즉 토지수용위원회가 재결한 토지수용보상금을 이의유보 없이 수령한 경우 승낙 간주되어 더 이상 다툴 수 없는 것은 당연할 뿐만 아니라 이의를 유보한 이후 수령하고 소송 도중 **증액된** 보상금에 대하여 이의유보를 하지 않고 찾아간 경우에는 종전 유보의 효력이 사라지므로 계속되는 소송은 소의 이익이 없어 각하를 면하지 못한다.

따라서 보상금 수령시 이의유보 여부를 명확히 밝혀야 할 것이다.

법원판단

토지수용법 제61조 제2항 제1호의 규정에 의하여 기업자가 토지수용위원회가 재결한 토지수용보상금을 공탁한 경우에 토지소유자가 그 공탁에 대하여 아무런 이의를 유보하지 아니한 채 이를 수령한 때에는 종전의 수령거절의사를 철회하고 재결에 승복하여 공탁의 취지에 따라 보상금 전액을 수령한 것으로 볼 것이고, **공탁금 수령 당시 단순히 그 공탁의 취지에 반하는 소송이나 이의신청을 하고 있다는 사실만으로는 그 공탁물 수령에 관한 이의를 유보한 것과 같이 볼 수 없다** 이 당원이 여러차례 밝혀 온 견해이다(당원 1982.11.9. 선고 82누197 판결; 1983.6.14. 선고 81누254 판결 등 참조). 같은 취지의 원심판결은 옳고 거기에 공탁물수령에 관한 법리오해의 잘못이 있다고 할 수 없으므로 논지는 이유없다.

[재개발조합/ 보상금청구권/ 공탁의 성격] 토지보상금 청구권에 대하여 압류의 경합이 있는 경우 기업자가 면책되기 위해서 진행하는 공탁의 성격은 변제공탁이나 해방공탁이 아닌 집행공탁이다(대법원 1999. 5. 14. 선고 98다62688 판결)

판례해설

법에서 인정되는 공탁은 변제공탁, 집행공탁, 혼합공탁 등 다양한 유형으로 존재하고, 그에 대한 요건과 효과도 각각 달리한다. 대상판결은 토지보상금에 대하여 수인의 압류의 경합이 존재하였던 사안으로 통상의 토지 보상금에 대해서는 변제공탁이 타당하지만 이와 같은 압류의 경합이 있을 경우 **집행공탁의 형식**으로 공탁하여야 공탁의 효력이 발생할 수 있다.

따라서 기업자 즉 재개발조합의 입장에서는 수용보상금을 공탁할 경우 어떤 종류의 공탁을 하여야 하는지 면밀한 확인이 필요하다.

법원판단

　민법 제370조, 제342조에 의한 저당권자의 물상대위권의 행사는 **민사소송법 제733조에 의하여 담보권의 존재를 증명하는 서류를 집행법원에 제출하여 채권압류 및 전부명령을 신청하거나, 민사소송법 제580조에 의하여 배당요구를 하는 방법으로 하는 것인데, 이는 늦어도 민사소송법 제580조 제1항에서 규정하고 있는 배당요구의 종기까지 하여야 하고**(대법원 1994. 11. 22. 선고 94다25728 판결, 1998. 9. 22. 선고 98다12812 판결 등 참조), 이 물상대위권의 행사를 채권 및 다른 재산권에 대한 담보권실행절차에 준하여 강제집행절차에 의하도록 규정하고 있는 민사소송법 제733조 제2항의 규정 취지와 배당요구를 채권의 원인과 수액을 기재한 서면을 법원에 제출하는 방식으로 하도록 규정하고 있는 민사소송법 제580조, 제553조, 민사소송규칙 제139조의2, 제121조의3의 각 규정 취지에 비추어 보면, **저당권자의 물상대위권은 어디까지나 그 권리실행의사를 저당권자 스스로 법원에 명확하게 표시하는 방법으로 저당권자 자신에 의하여 행사되어야 하는 것이지, 저당권자 아닌 다른 채권자나 제3채무자의 태도나 인식만으로 저당권자의 권리행사를 의제할 수는 없음이 분명**하다.

　따라서 저당권자 아닌 다른 채권자나 제3채무자가 저당권의 존재와 피담보채무액을 인정하고 있고, 나아가 제3채무자가 채무액을 공탁하고 공탁사유를 신고하면서 저당권자를 피공탁자로 기재하는 한편 저당권의 존재를 증명하는 서류까지 제출하고 있다 하더라도 그것을 저당권자 자신의 권리행사와 같이 보아 저당권자가 그 배당절차에서 다른 채권자들에 우선하여 배당 받을 수 있는 것으로 볼 수 없으며, **저당권자로서는 제3채무자가 공탁사유신고를 하기 이전에 스스로 담보권의 존재를 증명하는 서류를 제출하여 물상대위권의 목적채권을 압류하거나 법원에 배당요구를 한 경우에 한**하여 공탁금으로부터 우선배당을 받을 수 있을 뿐이다.

그리고 이 사건과 같이 **토지수용법상의 보상금청구권에 대하여 압류의 경합이 있는 때에는 기업자는 보상금을 공탁함으로써 면책될 수 있는바**, 그 경우에 기업자가 하는 공탁의 성격은 변제공탁이 아니라 <u>집행공탁</u>이고(대법원 1998. 9. 22. 선고 98다12812 판결 참조), 집행공탁에 있어서는 배당절차에서 배당이 완결되어야 피공탁자가 비로소 확정되고, 공탁 당시에는 피공탁자의 개념이 관념적으로만 존재할 뿐이므로, 공탁 당시에 기업자가 특정 채권자를 피공탁자에 포함시켜 공탁하였다 하더라도 그 피공탁자의 기재는 법원을 구속하는 효력이 없다고 할 것이다.

[재개발조합/ 토지 수용/ 물상대위] 수용토지에 관한 저당권자가 물상대위권을 행사할 수 있는 충분한 시간적 간격을 두고 토지수용 사실을 알았던 경우에는 사업시행자가 근저당권자에 대한 협의나 통지를 해태하였다고 하더라도 손해배상책임을 부담하지 않는다(대법원 2003. 4. 25. 선고

2001다78553 판결)

> **판례해설**
>
> 사업시행자 입장에서는 **수용토지에 관하여 협의할 당시 수용토지의 근저당권자에게 통지하여 물상대위권을 행사할 적절한 기회를 주었어야 하지만**, 그렇지 않음으로 인하여 토지소유자가 근저당권자를 무시하고 전부 보상금을 받아가 근저당권자가 실질적으로 우선변제 받지 못한 상태가 벌어졌다면 과연 그 손해를 배상하여 주어야 할까.
>
> 원심은 토지의 저당권자에게 토지 수용법령에 의한 협의나 통지를 하지 않았다면 위법하지만, **저당권자로서 토지소유자가 보상금을 받아가기 전에 이미 수용재결 통지**를 받았고, 이로 인하여 공탁금출급청구권에 가압류 등을 할 수 있는 기회가 주어졌다고 한다면 저당권자가 수용보상금으로부터 물상대위권 행사에 의한 우선변제를 받지 못함으로 인한 손해와 인과관계가 없다고 판시하였다.
>
> 결국 사업시행자의 입장에서는 토지보상법에 규정된 대로 충실히 토지의 이해관계인에게 통지함으로서 이와 같은 불필요한 소송에 휘말리지 않아야 할 것이고, 근저당권자의 입장에서는 수용재결 등의 통지를 받은 순간 어떻게 해서든 자신의 채권확보를 위한 노력을 충분히 하여야 할 것이다.

법원판단

　구 택지개발촉진법 제12조 제4항에 의하여 준용되는 구 토지수용법 제25조 제1항 및 같은법시행령 제15조의2 제1항에 의하면 기업자는 사업인정의 고시가 있은 후 수용할 토지에 관하여 권리를 취득하거나 소멸시키기 위하여 대통령령이 정하는 바에 의하여 토지소유자 및 관계인과 협의하여야 하고 그 협의를 위하여 사업인정의 고시가 있은 후 즉시 협의기간 및 방법, 보상의 시기·방법 및 절차, 계약체결의 기간 및 장소를 정하여 토지소유자 및 관계인에게 통지하여야 한다고 규정하고 있으므로 **기업자가 수용할 토지의 저당권자에게 위규정에 의한 협의나 통지를 하지 아니하였다면 이는 위법하다고 할 것이나,** 기업자와 토지소유자 사이에 협의가 이루어지지 아니하여 토지가 수용되고 나아가 그 수용보상금이 공탁되기에 이른 경우에 있어서는 그 토지의 저당권자는 공탁금이 출급되어 토지소유자의 일반재산에 혼입되기 전까지 구 토지수용법 제69조의 규정에 따른 물상대위권을 행사하여 토지소유자의 위 수용보상공탁금 출급청구권 등을 압류함으로써 우선변제를 받을 수 있으므로 (대법원 1992. 7. 10. 자 92마380, 381 결정 등 참조) **수용 토지의 저당권자가 어떠한 경위로든지 수용보상공탁금이 토지소유자에 의하여 출급되어 그 일반재산에 혼입되기 전에 물상대위권을 행사할 수 있는 충분한 시간적 간격을 두고 토지가 수용된 사실을 알게 되었음에도 불구하고 물상대위권을 행사하여 토지소유자의 공탁금출급청구권을 압류하지 아니함으로써 우선변제 받을 수 없게 된 경우에는, 저당권자가 토지수용보상금으로부터 우선변제를 받지 못한 것이 기업자가 저당권자에게 토지수용과 관련하여 위에서 본 협의나 통지를 하지 아니한 데에 그 원인이 있는 것이라고는 할 수 없다고 할 것이다.

[재개발조합/ 토지보상법/ 사업인정] 토지보상법에서의 사업인정의 효과(대법원 1995. 12. 5. 선고 95누4889 판결)

> 판례해설
>
> 토지보상법에 의한 토지수용 절차는 ① 사업인정, ② 토지조서·물건조서 작성, ③ 협의, ④ 수용재결 단계를 거치지만, 여기서 사업인정이란 <u>건설부장관이 공익사업의 시행자에게 그 후 일정한 절차를 거칠 것을 조건으로 하여 일정한 내용의 수용권을 설정해 주는 행정처분의 성격을 띠는 것으로서, 그 사업인정을 받음으로써 수용할 목적물의 범위가 확정되고 수용권자로 하여금 목적물에 대한 현재 및 장래의 권리자에게 대항할 수 있는 일종의 공법상의 권리로서의 효력을 발생시키는 것이 되고 그 이후</u> 수용재결절차에서는 단순히 보상금 증액만이 문제된다.
>
> 대상판결은 오래전의 판례이기는 하지만 사업인정의 법적성질을 구체적으로 정의하였다는 점에 큰 의의가 있는 판결이다.

법원판단

　토지수용법, 도시계획법 등 관계 법령의 규정에 의한 **사업인정은 건설부장관이 공익사업의 시행자에게 그 후 일정한 절차를 거칠 것을 조건으로 하여 일정한 내용의 수용권을 설정해 주는 행정처분의 성격을 띠는 것으로서, 그 사업인정을 받음으로써 수용할 목적물의 범위가 확정되고 수용권자로 하여금 목적물에 대한 현재 및 장래의 권리자에게 대항할 수 있는 일종의 공법상의 권리로서의 효력을 발생시키는 것**이어서(당원 1988. 12. 27. 선고 87누1141 판결 참조), 공익사업의 시행자는 사업인정의 효력이 발생하는 사업인정의 고시가 있은 날 이후에는 위 수용권을 바탕으로 먼저 피수용자와 협의를 하여 수용할 목적물을 취득하고 협의가 성립되지 아니하거나 협의를 할 수 없을 때에는 재결에 의하여 수용할 목적물을 취득하게 되는 것인바(토지수용법 제25조), 이 때의 협의에 의한 취득은 어디까지나 공익사업의 시행자가 위 수용권을 가진 상태에서 협의가 성립하지 아니하는 경우에는 재결을 통한 강제취득을 할 수 있고, **협의가 성립한 경우에도 그에 대하여 관할 토지수용위원회의 확인을 받으면 재결과 같은 효력**을 가지게 된다(토지수용법 제25조의2)는 점에서 **공익사업의 시행자가 사업인정의 고시 이전에 그러한 수용권을 가지지 아니한 상태에서 토지 등의 소유자와 하는 사법상 임의매매에 불과한 공공용지의보상및손실보상에관한특례법에 의한 협의매수와는 다르다.**

[수용재결/ 사업시행변경인가 효력] 사업시행인가가 적법하다면 그에 터 잡은 수용재결 역시 적법하다(서울고등법원 2004. 5. 14. 선고 2003누6100 판결)

> **판례해설**
>
> 최초 사업시행 인가 처분이 그 시행기간이 도과되어 이루어졌다고 하더라도 그 이후 **사업시행변경인가처분이 그 자체로 유효하다면 기존 사업시행인가처분의 효력으로 변경인가 처분의 효력이 좌우되지 않는다**는 판례이다.
>
> 더 나아가 사업시행변경인가처분 자체에 건축계획의 주요부분에 대하여 "변동없음"이라고 기재한 것만을 가지고 당연무효라고 볼 수 없고 사업시행변경인가처분에 대한 취소송으로 다투어야 하는바 그 제소기간은 종료되었으므로 더 이상 사업시행변경인가에 대하여 다툴 수 없고 결국 사업시행변경인가를 기준으로 한 수용재결 역시 부적법하다고 볼 수 없다고 판시하였다.

피고 주장

피고는 다음과 같은 사유로 이 사건 각 부동산에 관한 수용재결은 위법 또는 무효이므로 이를 취소한 피고의 이의재결은 적법하다고 주장한다.

(1) 원고에 대한 1988. 10. 29.자 사업시행변경인가 고시는 시행기간이 도과한 후에 이루어진 것으로 새로운 사업인정의 효력을 갖추지 못하여 무효이고, 따라서 **이에 터잡아 이루어진 이후의 사업시행변경인가도 모두 무효이므로 위 사업시행을 위한 이 사건 수용재결도 무효**이다.

(2) 서울특별시장은 2000. 9. 22. 도심재개발구역변경결정을 하면서 당초의 건축계획의 주요 부분인 건축연면적, 층수, 높이, 주용도, 건폐율, 용적률 등 건축계획이 대폭 상향변경되었고, 이에 따라 2000. 12. 9. 원고에게 사업시행변경인가를 하고 이를 고시하면서 **'수용 또는 사용할 토지 또는 건축물의 명세 및 소유권 외의 권리의 명세'란에 '변동 없음'이라고만 표시하였으므로 새로운 사업인가로서의 효력이 없다.**

법원판단

(1) 사업시행변경인가의 효력

위 인정사실과 같이, 원고는 이 사건 도시재개발구역 안의 토지 소유자로서 사업시행자가 되어 도시재개발사업시행인가를 받았으나 그 사업시행기간 내에 토지를 수용하는 등 사업을 시행하지 못하다가 사업시행기간 경과 후 사업시행기간을 연장하는 사업시행변경인가를 받은 경우에는, 원래의 재개발사업시행인가는 실효되고 그 후에 실효된 사업시행인가를 변경인가하여 그 사업시행기간을 연장하였다고 하여 실효된 사업시행인가가 효력을 회복하여 소급적으로 유효하게 될 수는 없다 할 것이나, **사업시행변경인가도 시행자에게 재개발사업을 실시할 수 있는 권한을 설정하여 주는 처분인 점에서는 당초의 인가와 다를 바 없으므로 이 변경인가가 새로운 인가로서의 요건을 갖춘 경우에는 그에 따른 효과가 있다고 할 것인바**(대법원 1991. 11. 26. 선고 90누9971 판결 참조), 이 사건에서 **사업시행기간을 경과한 후 이루어진 각 사업시행변경인가도** <u>새로운 사업시행인가의 요건을 갖추었다</u>고 보이므로 그 변경인가는 모두 새로운 도시재개발사업시행인가의 효력을 지닌다고 할 것이다.

(2) 일부 사항이 누락된 사업시행변경인가 고시의 효력

앞서 본 바와 같이 사업시행기간 경과 후 사업시행변경인가 고시를 하면서 사업시행기간 등 변경되는 사항을 제외한 나머지 사항들은 '변동 없음'이라고 기재하거나 그 기재를 생략한 경우, 그 변경인가 고시는 새로운 사업시행인가 고시로서 필요한 사항의 고시를 완전히 이행한 것은 아니라고 하겠으나, **변경되는 사항 이외의 부분은 종전의 내용과 같다는 취지에서 '변동 없음'이라고 간략히 기재하거나 생략된 것임을 이해관계인들이 쉽게 알 수 있었다고 보이므로, 이와 같은 정도의 절차상 하자는 변경인가에 의한 새로운 사업시행인가 자체가 무효라고 볼 정도로 중대하고 명백한 것이라 볼 수 없어 취소사유에 지나지 않는다고 할 것이고, 이를 위법사유로 하는 경우에는 행정처분인 사업시행인가 자체**

를 대상으로 하여 그 취소를 구하여야 하지, 이 선행처분을 다투지 아니하고 그 쟁송기간이 도과한 후 수용재결단계에서는 그 불가쟁력에 의하여 사업시행인가 고시에 위법이 있음을 들어 수용재결처분의 취소를 구할 수는 없다 할 것인바(대법원 1991. 11. 26. 선고 90누9971 판결 참조), 이 사건 수용재결 당시에는 위 사업시행변경인가에 대한 쟁송기간이 지났으므로 위와 같은 사유를 이 사건 수용재결 단계에서 주장할 수는 없다 할 것이다.

[재개발조합/ 수용재결 효력] 금전보상에 대한 수용재결이 확정된 경우, 토지 및 건물을 수용당한 조합원은 조합원의 지위도 상실한다(대법원 2011. 1. 27. 선고 2008두14340 판결 [관리처분계획취소등])

판례해설

재개발조합에서 수용재결이 확정된 경우 조합원의 지위는 상실되고 조합원지위를 전제로 진행하는 모든 권리나 소송은 그 즉시 소의 이익을 상실한다. 이 사건에서도 관리처분계획 인가처분에 대한 취소 또는 무효 확인 소송을 진행 중이었는바 소송 도중 조합원의 지위를 상실시키는 수용재결이 확정되었으므로 결국 진행하던 소송의 당사자 적격이 사라진 것이다.

= 참고로 재건축조합에서 설립에 동의한 조합원이 그 이후 분양신청을 하지 않음으로 인하여 조합원지위가 상실되는 시기는 분양신청 기간 마감 다음날 또는 분양신청 기간 내에 분양신청을 철회한 다음날 비로소 확정적으로 상실된다.

법원판단

　재개발조합이 재결신청을 하고, 토지수용위원회가 이에 기하여 금전보상의 재결을 하여 그 재결이 확정되면, 토지 및 건물을 수용당한 조합원은 토지 및 건물에 대한 소유권을 상실하고, 재개발조합의 조합원 지위도 상실하게 된다(대법원 2001. 9. 7. 선고 2000두1485 판결 등 참조).

　위와 같은 사실관계라면, 원고 3 소유의 이 사건 토지 및 건물에 대하여는 수용재결이 확정되었으므로, 피고는 원고 3 소유의 이 사건 토지 및 건물에 관한 소유권을 취득하고 반대로 원고 3은 이 사건 토지 및 건물에 관한 소유권을 상실하였고, 그 결과 원고 3은 피고 조합의 조합원 지위를 상실하였다고 봄이 상당하다.

　따라서 피고 조합의 조합원 지위를 상실한 원고 3으로서는 더 이상 이 사건 관리처분계획상의 권리관계에 관하여 어떠한 영향을 받을 개연성이 없어졌다고 할 것이므로, 원고 3은 이 사건 관리처분계획의 취소를 구할 법률상 이익이 없다고 할 것이다.

　[재개발조합/ 관리처분계획 인가 효력/ 소유자의 사용수익 권한] 재개발구역 내에서의 토지 등의 종전 소유자들은 사용수익권한을 상실한다(대법원 1992. 12. 22. 선고 91다22094 전원합의체 판결).

> 도정법 제81조(건축물 등의 사용·수익의 중지 및 철거 등) ① 종전의 토지 또는 건축물의 소유자·지상권자·전세권자·임차권자 등 권리자는 제78조제4항에 따른 **관리처분계획인가의 고시가 있은 때**에는 제86조에 따른 이전고시가 있는 날까지 종전의 토지 또는 건축물을 사용하거나 수익할 수 없다. 다만, 다음 각 호의 어느 하나에 해당하는 경우에는 그러하지 아니하다.
> 1. 사업시행자의 동의를 받은 경우
> 2. 「공익사업을 위한 토지 등의 취득 및 보상에 관한 법률」에 따른 손실보상이 완료되지 아니한 경우

판례해설

조합에서 감독관청으로부터 받게 되는 사업시행인가는 사업을 시행할 지위나 권리를 부여받은 것에 불과할 뿐 사업시행자가 재개발구역 내에 있는 토지나 지상물의 사용 및 수익권한까지 얻게 되는 것은 아니다.

이에 더하여 관리처분계획인가까지 받게 된다면 이전 권리관계는 인가된대로 일률적으로 변동되고, 사용·수익정지명령처분 없이도 종전소유자 등의 사용·수익이 정지되고 시행자가 사용수익권을 가진다. 다만 재개발 조합에서 공특법상의 손실보상이 완료되지 않은 경우는 예외라고 할 것인바 결국 재개발 조합에서는 수용재결이 확정된 때 즉 수용개시일에 비로소 소유권 및 사용수익권이 일괄이전한다고 보는 것이다.

법원판단

가. 제1점에 대하여

도시재개발법 제12조에 의한 **사업시행인가**는 그 감독관청이 재개발사업을 시행하고자 하는 자에 대하여 재개발사업을 시행할 수 있는 지위나 권리를 부여함에 불과하고 그로 인하여 그 사업시행자가 그 재개발구역 안의 토지나 그 지상물을 사용·수익하는 등의 권리를 직접 취득하는 것은 아니라 할 것이므로 **종전 토지나 그 지상물의 소유자는 여전히 그에 대한 사용·수익권을 갖는다**고 할 것이다.

따라서 도시재개발법 제41조 제7항의 규정이 소론과 같이 사업시행자가 재개발사업공사를 관리처분계획의 인가·고시 이후에만 착공하여야 한다는 취지는 아니라고 할지라도 피고들에 대한 재개발사업시행인가만 있었을 뿐 관리처분계획의 인가고시가 없는 상태에서는 **사업시행자가 그 재개발구역 내의 토지를 사용·수익하고자 할 때에는 위 법 소정의 수용 또는 사용절차를 밟아야 하고 이러한 절차를 밟지 아니하는 한 재개발사업실시계획의 시행을 위한 점용이라 하더라도 이는 적법한 점유·사용이라 할 수 없다** 할 것이다.

도시재개발법 제65조 제2항에 의하면 "…관리처분계획에 관하여 이 법에서 특별히 규정한 것을 제외하고는 토지구획정리사업법의 환지에 관한 규정을 준용한다"고 되어 있고, 토지구획정리사업법 제58조 제1항은 "시행자는 환지를 정하지 아니하기로 결정된 토지에 관한 토지소유자 또는 임차권자 등에게 기일을 정하여 그 날로부터 당해 토지 또는 그 부분의 사용 또는 수익을 정지시킬 수 있다"고 규정하고 있으나, 도시재개발법 제41조 제7항은 "제5항의 규정에 의한 고시(이는 관리처분계획인가의 고시를 말한다)가 있을 때에는 종전의 토지 등의 소유자... 등은 제48조 제5항의 규정에 의한 분양처분의 고시가 있는 날까지 종전의 토지에 대하여는 이를 사용하거나 수익할 수 없다. 다만 시행자의 동의를 얻은 경우에는 그러하지 아니하다"고 규정함으로써 토지구획정리사업법 제58조 제1항에 대한 특별한 규정을 두고 있다고 보아야 할 것이므로 도시재개발법에 의한 관리처분계획의 인가고시가 있는 경우에는 위 토지구획정리사업법 조항이 준용될 여지가 없다고 할 것이며, 소론과 같이 원고가 처음부터 재개발사업의 추진에 동의하지 아니하였다 하여 달리 볼 것이 아니다. 따라서 **도시재개발법 제41조 제5항에서 정한 관리처분계획의 인가고시가 있으면 사용·수익정지명령을 요하지 아니하고 목적물에 대한 종전소유자 등의 사용·수익이 정지되고 시행자는 이를 사용·수익할 수 있게 되는 것이라고 하여야 할 것이다.** 이 견해와 어긋나는 취지의 당원 1982. 7. 13. 선고 81다541 판결은 이를 폐기하기로 한다.

[재개발 조합/ 소유권 취득/ 부당이득] 도정법상 수용개시일까지 보상금이나 공탁금을 공탁하면 수용개시일에 소유권을 취득하고 이후 보상금이

증액되었다는 이유로 소유권 취득일이 변동되지 않는다(대법원 2017. 3. 30. 선고 2014두43387 판결)

도시정비법
제65조(「공익사업을 위한 토지 등의 취득 및 보상에 관한 법률」의 준용) ① 정비구역에서 정비사업의 시행을 위한 토지 또는 건축물의 소유권과 그 밖의 권리에 대한 수용 또는 사용은 이 법에 규정된 사항을 제외하고는 「공익사업을 위한 토지 등의 취득 및 보상에 관한 법률」을 준용한다. 다만, 정비사업의 시행에 따른 손실보상의 기준 및 절차는 대통령령으로 정할 수 있다.

토지보상법
제40조(보상금의 지급 또는 공탁) ① 사업시행자는 제38조 또는 제39조에 따른 사용의 경우를 제외하고는 수용 또는 사용의 개시일(토지수용위원회가 재결로써 결정한 수용 또는 사용을 시작하는 날을 말한다. 이하 같다)까지 관할 토지수용위원회가 재결한 보상금을 지급하여야 한다.
② 사업시행자는 다음 각 호의 어느 하나에 해당할 때에는 수용 또는 사용의 개시일까지 수용하거나 사용하려는 토지등의 소재지의 공탁소에 보상금을 공탁(供託)할 수 있다.
1. 보상금을 받을 자가 그 수령을 거부하거나 보상금을 수령할 수 없을 때
2. 사업시행자의 과실 없이 보상금을 받을 자를 알 수 없을 때
3. 관할 토지수용위원회가 재결한 보상금에 대하여 사업시행자가 불복할 때
4. 압류나 가압류에 의하여 보상금의 지급이 금지되었을 때

제42조(재결의 실효) ① 사업시행자가 수용 또는 사용의 개시일까지 관할 토지수용위원회가 재결한 보상금을 지급하거나 공탁하지 아니하였을 때에는 해당 토지수용위원회의 재결은 효력을 상실한다.

제43조(토지 또는 물건의 인도 등) 토지소유자 및 관계인과 그 밖에 토지소유자나 관계인에 포함되지 아니하는 자로서 수용하거나 사용할 토지나 그 토지에 있는 물건에 관한 권리를 가진 자는 수용 또는 사용의 개시일까지 그 토지나 물건을 사업시행자에게 인도하거나 이전하여야 한다.

제45조(권리의 취득·소멸 및 제한) ① 사업시행자는 수용의 개시일에 토지나 물건의 소유권을 취득하며, 그 토지나 물건에 관한 다른 권리는 이와 동시에 소멸한다.
② 사업시행자는 사용의 개시일에 토지나 물건의 사용권을 취득하며, 그 토지나 물건에 관한 다른 권리는 사용 기간 중에는 행사하지 못한다.
③ 토지수용위원회의 재결로 인정된 권리는 제1항 및 제2항에도 불구하고 소멸되거나 그 행사가 정지되지 아니한다.

판례해설

대상판례는 구 도정법 및 토지보상법에 관한 판례이지만 현재에도 동일하게 적용될 수 있는바, **도정법상 사업시행자는 토지수용위원회가 재결로 정한 수용 개시일까지 그 보상금을 지급하거나 공탁을 하여야 하고, 이로써 수용 개시일에 토지나 물건의 소유권을 취득**하게 된다. 따라서 그 이후 수용보상금을 증액되는 사정이 발생한다고 하더라도 이와 같은 이유로 소유권 취득시기가 변경되지 않고, 결국 소유권 또는 사용수익권 취득일 기준으로 사업시행자가 아닌 구 소유자가 지속적으로 사용수익을 하였다면 부당이득반환의 대상이 되고, 반대로 사업시행자가 사용수익하였다고 하더라도 구 소유자의 입장에서는 부당이득반환청구를 할 수 없다고 할 것이다.

법원판단

1. 구 도시 및 주거환경정비법(2012. 2. 1. 법률 제11293호로 개정되기 전의 것) 제40조 제1항에 의하여 정비구역 안에서 정비사업을 시행하기 위한 토지 또는 건축물의 소유권과 그 밖의 권리에 대한 수용 또는 사용에 관하여 준용되는 구 공익사업을 위한 토지 등의 취득 및 보상에 관한 법률(2013. 3. 23. 법률 제11690호로 개정되기 전의 것)에 의하면, ① **사업시행자는 관할 토지수용위원회가 재결로써 결정한 수용 개시일에 토지나 물건의 소유권을 취득하고**(제45조 제1항) 토지소유자 등은 수용 개시일까지 당해 토지나 물건을 사업시행자에게 인도하거나 **이전하여야 하나**(제43조), ② 한편 **사업시행자는 수용 개시일까지 토지수용위원회가 재결한 보상금을 지급하거나 공탁하여야 하며**(제40조 제1항, 제2항), 만일 **사업시행자가 수용 개시일까지 보상금을 지급 또는 공탁하지 아니한 때에는 그 재결은 효력을 상실하지만**(제42조 제1항), ③ 일단 그 재결에 의한 수용의 효력이 생긴 후에는 그 재결에 대한 이의신청이나 행정소송의 제기가 있다 하더라도 그 수용의 효력을 정지시키지 아니한다(제88조). 따라서 **사업시행자가 수용 개시일까지 토지수용위원회가 재결한 수용보상금을 지급하거나 공탁하면 수용 개시일에 토지나 물건의 소유권을 취득하며, 설령 그 후 이의재결에서 보상액이 늘어났다 하더라도 그 사유만으로 달리 볼 수 없다**(대법원 2002. 10. 11. 선고 2002다35461 판결 등 참조).

[재개발조합/ 가산금 청구 방법] 토지보상법상의 지연가산금 청구는 보상금 증액 관련 행정소송의 형태로 진행되어야 한다(대법원 1997. 10. 24. 선고 97다31175 판결)

도정법 제73조(분양신청을 하지 아니한 자 등에 대한 조치) ① 사업시행자는 관리처분계획이 인가·고시된 다음 날부터 90일 이내에 다음 각 호에서 정하는 자와 토지, 건축물 또는 그 밖의 권리의 손실보상에 관한 협의를 하여야 한다. 다만, 사업시행자는 분양신청기간 종료일의 다음 날부터 협의를 시작할 수 있다.
1. 분양신청을 하지 아니한 자
2. 분양신청기간 종료 이전에 분양신청을 철회한 자
3. 제72조제6항 본문에 따라 분양신청을 할 수 없는 자
4. 제74조에 따라 인가된 관리처분계획에 따라 분양대상에서 제외된 자
② 사업시행자는 제1항에 따른 협의가 성립되지 아니하면 그 기간의 만료일 다음 날부터 60일 이내에 수용재결을 신청하거나 매도청구소송을 제기하여야 한다.
③ 사업시행자는 제2항에 따른 기간을 넘겨서 수용재결을 신청하거나 매도청구소송을 제기한 경우에는 해당 토지등소유자에게 지연일수(遲延日數)에 따른 이자를 지급하여야 한다. 이 경우 이자는 100분의 15 이하의 범위에서 대통령령으로 정하는 이율을 적용하여 산정한다.

> **판례해설**
>
> 구 토지수용법 제25조의3 제3항은 지연가산금 청구에 관하여 규정하고 있었고, 현재는 이를 도정법 제73조 제3항에 규정하고 있는 바, <u>수용재결에 관한 지연가산금은 손해배상의 성격이 아닌 수용재결금액의 증감과 관련된 것</u>이기 때문에 이는 민법상 손해배상 청구가 아니라 행정소송의 형태로 제기하여야 하며 그렇지 않을 경우 부적법 각하를 면할 수 없다.

법원판단

직권으로 보건대, 토지수용법 제25조의3 제3항이 정한 지연가산금은 수용보상금에 대한 법정 지연손해금의 성격을 갖는 것이므로 이에 대한 불복은 수용보상금에 대한 불복절차에 의함이 상당할 뿐 아니라, 토지수용법시행령 제16조의3은 " 법 제25조의3 제3항의 규정에 의하여 가산하여 지급할 금액은 관할 토지수용위원회가 재결서에 기재하여야 하며, 기업자는 수용 시기까지 보상금과 함께 이를 지급하여야 한다."라고 하여 지연가산금은 수용보상금과 함께 수용재결로 정하도록 규정하고 있으므로, 지연가산금에 대한 불복은 수용보상금의 증액에 관한 소에 의하여야 한다고 할 것인데, 기록에 의하면 원고는 1994. 12. 3.경 이 사건 이의재결서를 송달받고 토지수용법 제75조의2 제1항이 정한 이의재결에 대한 행정소송 제기기간인 이의재결서가 송달된 날로부터

1월이 훨씬 경과한 1996. 9. 16.과 같은 해 10. 31. 피고의 이 사건 토지 지분의 수용재결 전 점유·사용이 불법행위임을 원인으로 한 손해배상 청구소송 중 비로소 그 청구금액 중 금 8,400,000원은 위 지연가산금을 청구하는 것으로 교환적으로 소를 변경하였으므로, 이 사건 소 중 위 지연가산금 청구의 소는 이의재결서가 송달된 날로부터 1월의 불변기간을 넘어서 제기된 것으로 부적법하고, 그 흠결은 보정될 수 없는 것이라 하지 아니할 수 없다.

[토지 수용 재결/ 손실보상/ 손해배상] 사업인정 전의 사업시행으로 인하여 재산권이 침해되었음을 원인으로 한 손해배상청구가 토지수용사건에 관련청구로서 병합될 수 있는지 여부(적극)(대법원 99두561 판결)

> **판례해설**
>
> 우리나라 법원 구조는 민사와 형사 그리고 행정사건을 근본적으로 구분하고 있는 바 행정법원에 제기해야 하는 사건을 민사법원에 제기하거나 반대로 제기할 경우에는 관할 위반이라는 이유로 각하를 면하지 못한다.
>
> 다만 본래의 행정소송과의 관련성을 가지고 있고 처분과 관련된 손해배상 등의 소송은 행정소송에 부수하여 진행함이 소송 경제상 타당하다고 판시하여 손해배상청구임에도 이를 인정하여 판단하였던 것이다.

법원판단

[1] 행정소송법 제10조 제1항 제1호는 행정소송에 병합될 수 있는 관련청구에 관하여 **'당해 처분 등과 관련되는 손해배상·부당이득반환·원상회복 등의 청구'**라고 규정함으로써 그 병합요건으로 본래의 행정소송과의 관련성을 요구하고 있는바, 이는 행정소송에서 계쟁 처분의 효력을 장기간 불확정한 상태에 두는 것은 바람직하지 않다는 관점에서 병합될 수 있는 청구의 범위를 한정함으로써 사건의 심리범위가 확대·복잡화되는 것을 방지하여 그 심판의 신속을 도모하려는 취지라 할 것이므로, 손해배상청구 등의 민사소송이 행정소송에 관련청구로 병합되기 위해서는 그 청구의 내용 또는 발생원인이 행정소송의 대상인 처분 등과 법률상 또는 사실상 공통되거나, 그 처분의 효력이나 존부 유무가 선결문제로 되는 등의 관계에 있어야 함이 원칙이다.

[2] 공공사업의 시행을 위한 토지수용사건에 있어서 심리의 대상으로 되는 적법한 수용에 따른 손실보상청구권과 당해 공공사업과 관련하여 사업인정 전에 사업을 시행하여 타인의 재산권을 침해하게 됨에 따라 발생하게 된 손해배상청구권은 위 각 권리가 적법한 행위에 의하여 발생한 것인가 아닌가의 차이가 날 뿐 <u>그것들이 하나의 동일한 공공사업의 시행과 관련하여 타인의 재산권을 침해한 사실로 인하여 발생하였다는 점에서 위 각 청구의 발생원인은 법률상 또는 사실상 공통된다 할 것이고</u>, 토지수용사건에 이러한 손해배상청구사건을 병합하여 함

께 심리·판단함으로써 얻게 되는 당사자의 소송경제와 편의 등의 효용에 비하여 심리범위를 확대·복잡화함으로써 심판의 신속을 해치는 폐단이 통상의 경우보다 크다고 할 수도 없으므로, 이와 같은 경우 토지수용사건에 병합된 손해배상청구는 행정소송법 제10조 제2항, 제1항 제1호, 제44조 제2항에 따른 관련청구로서의 병합요건을 갖춘 것으로 보아야 한다.

02

권형필 변호사의
재개발·재건축 조합 분쟁 사례 시리즈

04.
재개발·재건축 조합과 임차인 등과의 분쟁

I. 재개발·재건축 조합과 임차인 등과의 분쟁

[재건축조합/ 토지보상법 준용 여부/ 임차인의 임차보증금 반환청구 요건] 재건축 사업자와 임차인과의 관계(대법원 2014. 7. 24. 선고 2012다62561,62578 판결)

> **도정법 제70조(지상권 등 계약의 해지)** ① 정비사업의 시행으로 지상권·전세권 또는 임차권의 설정 목적을 달성할 수 없는 때에는 그 권리자는 계약을 해지할 수 있다.
> ② 제1항에 따라 계약을 해지할 수 있는 자가 가지는 전세금·**보증금**, 그 밖의 계약상의 금전의 **반환청구권은 사업시행자에게 행사할 수 있다.**
> ③ 제2항에 따른 금전의 반환청구권의 행사로 해당 금전을 지급한 **사업시행자는 해당 토지등 소유자에게 구상할 수 있다.**

판례해설

주택재건축사업과 재개발사업은 같은 도정법에서 규율하고 있음에도 그 사업의 성격은 근본적으로 다르다. 즉 주택재건축사업은 '정비기반시설은 양호하나 노후·불량건축물이 밀집한 지역에서 주거환경을 개선할 목적'

으로 시행하는 것으로서 '정비기반시설이 열악한 지역에서 정비기반시설 설치를 통한 도시기능의 회복 등을 목적'으로 하는 주택재개발사업에 비하여 공공성 및 공익성이 상대적으로 미약할 뿐만 아니라 이와 같은 이유로 사적자치가 우선적으로 적용되는 영역에 해당한다.

이러한 이유로 재개발사업에는 「공익사업을 위한 토지 등의 취득 및 보상에 관한 법률」이 준용되어 토지 수용 및 이에 따른 손실보상으로 사업이 진행되고, 재건축사업의 경우 도정법상의 예외 조항을 제외하고 공익사업법을 준용하지 않기 때문에 매도청구제도를 두고 있는 한편 임차인에 대한 손실보상 등이 준용되지 않는다.

대상판결에서는 이와 같은 차이를 분명히 하여 **주택재건축사업에는 도정법에서 준용하는 공익사업법 조항이 적용되지 않으므로, 재건축 사업부지 내 임차인에 해당하는 자에게 손실보상 규정이 적용될 수 없다**고 판단하였다.

나아가 <u>임차권자가 토지등소유자에 대해 보증금반환채권을 가지고 있는 경우에 한정하여</u> 법 제70조 2항에 따라 사업시행자를 상대로 보증금 등의 반환을 구할 수 있다고 판시하였다.

법원판단

[1] 구 도시 및 주거환경정비법(2012. 2. 1. 법률 제11293호로 개정되기 전의 것, 이하 '도시정비법'이라 한다) 제38조, 제40조 제1항, 제49조

제6항의 문언과 취지를 종합하면, 도시정비법 제49조 제6항 단서는 도시정비법 제38조에 따라 사업시행자에게 '공익사업을 위한 토지 등의 취득 및 보상에 관한 법률'(이하 '공익사업법'이라 한다)상 정비구역 안의 토지 등을 수용 또는 사용할 권한이 부여된 정비사업에 제한적으로 적용되고, 그 권한이 부여되지 아니한 주택재건축사업에는 적용될 수 없다.

나아가 도시정비법의 입법 목적 및 취지, 도시정비법상 주택재건축사업의 특성 등과 아울러 ① 도시정비법은 다양한 유형의 정비사업에 대하여 각 사업의 공공성 및 공익성의 정도에 따라 구체적 규율의 내용을 달리하고 있는 점, ② 도시정비법상 주택재건축사업은 '정비기반시설은 양호하나 노후·불량건축물이 밀집한 지역에서 주거환경을 개선'할 목적으로 시행하는 것으로서 정비기반시설이 열악한 지역에서 정비기반시설 설치를 통한 도시기능의 회복 등을 목적으로 하는 주택재개발사업 등에 비하여 공공성 및 공익성이 상대적으로 미약한 점, ③ 그에 따라 도시정비법은 주택재건축사업 시행자와 토지등소유자 등의 협의가 성립하지 않을 경우의 해결방법으로, 수용·사용 등의 공적 수단에 의하지 않고 매도청구권의 행사를 통한 사적 자치에 의해 해결하도록 규정하고 있는데, 이는 도시정비법의 기본적 틀로서 입법자가 결단한 것이라고 볼 수 있는 점, ④ 주택재개발사업 등에서 수용보상금의 산정이 개발이익을 배제한 수용 당시의 공시지가에 의하는 것과는 달리, 주택재건축사업의 매도청구권 행사의 기준인 '시가'는 재건축으로 인하여 발생할 것으로 예상되는 개발이익이 포함된 가격을 말하는데, 이러한 차이는 주택재건축사업의 토지등소유자로 하여금 임차권자 등에 대한 보상을 임대차계약 등에 따라 스스로 해결하게 할 것을 전제로 한 것으로 보이는 점 등에 비추어 보면, **주택재건축사업에 대하여 도시정비법 제49조 제6항 단서나 공익사업법 규정이 유추적용된다고 보기도 어렵다.**

[2] 구 도시 및 주거환경정비법(2012. 2. 1. 법률 제11293호로 개정되기 전의 것, 이하 '도시정비법'이라 한다) 제44조 제1항 내지 제4항의 입법 취지·목적, 위 각 규정의 체계적 해석 등과 아울러 ① 도시정비법 제44조 제3항은 임차권자에게 보증금을 반환한 사업시행자의 토지등소유자에 대한 구상권의 법적 근거가 되는 규정이므로, **위 조항에 따라 사업시행자가 토지등소유자에게 구상권을 행사하려면 토지등소유자에게 임차권자에 대한 보증금반환채무가 있음을 전제로 하는 점**, ② 도시정비법 제44조 제4항 또한 마찬가지로 토지등소유자의 임차권자에 대한 보증금반환채무 등을 전제로 한 규정이라고 볼 수 있는 점, ③ 토지등소유자에게 대항할 수 없는 무단 전차인 등의 경우까지 도시정비법 제44조 제2항에 기하여 사업시행자를 상대로 보증금 등 반환을 구할 수 있다고 본다면, **다른 법률관계에서는 임대차계약상 임대인을 상대로 보증금반환채권을 갖는 데 불과한 무단 전차인 등이 '정비사업의 시행'이라는 우연한 사정에 기하여 임대인의 자력과 무관하게 보증금을 반환받게 되는 점**, ④ 이러한 결과는 주택임대차보호법 등에서 정한 임차권 보호의 취지와 부합하지 아니할 뿐 아니라, 사업시행자로 하여금 임

대인의 무자력 등으로 구상을 하지 못할 위험까지 부담하도록 하는 것이어서 정비사업의 원활한 진행이라는 도시정비법 제44조 제1항, 제2항의 입법 취지에도 어긋나는 점 등에 비추어 보면, 도시정비법 제44조 제1항, 제2항에 따라 <u>임차권자가 사업시행자를 상대로 보증금 등의 반환을 구하려면, 임차권자가 토지등소유자에 대하여 보증금반환채권을 가지는 경우라야 한다.</u>

[재건축조합/ 임차인/ 건물인도] 관리처분계획인가 고시가 있을 경우 임차인은 계약기간과 상관없이 임차목적물을 인도하여야 하고 영업보상 등을 청구할 수 없다(서울남부지방법원 2019가단250385 건물인도 판결)

도정법 제70조(지상권 등 계약의 해지) ⑤ 제74조에 따라 관리처분계획의 인가를 받은 경우 지상권·전세권설정계약 또는 임대차계약의 계약기간은 「민법」 제280조·제281조 및 제312조제2항, 「주택임대차보호법」 제4조제1항, 「상가건물 임대차보호법」 제9조제1항을 적용하지 아니한다.

도정법 제81조(건축물 등의 사용·수익의 중지 및 철거 등) ① 종전의 토지 또는 건축물의 소유자·지상권자·전세권자·임차권자 등 권리자는 <u>제78조제4항에 따른 관리처분계획인가의 고시가 있는 때에는 제86조에 따른 이전고시가 있는 날까지 종전의 토지 또는 건축물을 사용하거나 수익할 수 없다.</u> 다만, 다음 각 호의 어느 하나에 해당하는 경우에는 그러하지 아니하다.
1. 사업시행자의 동의를 받은 경우
2. 「공익사업을 위한 토지 등의 취득 및 보상에 관한 법률」에 따른 손실보상이 완료되지 아니한 경우

판례해설

재건축사업에 있어서는 관리처분계획 인가 고시가 있을 경우 종전의 토지 또는 건축물을 사용할 수 없는바, **사업시행 토지 내에 있는 임차인 역시 주임법 규정에도 불구하고 계약기간과 상관없이 임대차계약이 강제로 종료되며, 건물을 인도**하여야만 한다.

더 나아가 임차인의 입장에서 도정법상 재개발조합에서 준용하고 있는 토지보상법상 영업보상을 받을 수 있는 여부가 문제되는데, **공익목적인 재개발 사업과 달리 재건축 사업은 공익 목적이 미미하고 오히려 사적자치가 적용되는 영역에 해당하는 바, 도정법 제81조 제1항 단서라든지 토지보상법이 준용되기는 어렵기 때문에 영업보상 청구는 인정될 수 없다.**

법원판단

가. 법리

종전의 토지 또는 건축물의 임차권자 등 권리자는 **관리처분계획 인가의 고시가 있는 때에는 이전고시가 있는 날까지 종전의 토지 또는 건축물을 사용하거나 수익할 수 없다(도시 및 주거환경정비법 제81조 제1항 본문).** 특별한 사정이 없는 한 피고는 위 정비구역 내 건축물인 별지 목록 기재 건물의 임차인으로서 위 관리처분계획 인가 고시에 따라

정비사업자인 원고에게 별지 목록 기재 건물을 인도할 의무가 있다.

나. 피고의 주장에 관한 판단

1) 피고는 임대차기간이 2020. 6. 16.까지이므로 위 임대차기간 만료 시까지는 별지 목록 기재 건물을 점유할 수 있다고 주장하나,

도시정비법제 81조 제1항 본문은 **관리처분계획 인가의 고시가 있는 때에는 재건축사업의 진행을 위하여 임대차기간이 만료되지 않았더라도 건축물 사용·수익을 제한하는 취지의 규정**이므로, 임대차기간 만료 시까지 별지 목록 기재 건물을 점유할 수 있다는 피고의 주장은 이유 없다.

2) 피고는 영업보상을 받을 때까지는 인도 청구에 응할 수 없다고 주장한다.

도시정비법 제63조는 정비사업 시행자에게 정비구역 안에서 공익사업법에 의하여 토지 등을 수용 또는 사용할 권한을 부여하면서 주택재건축사업의 경우에는 다른 정비사업과 달리 천재지변 그 밖의 불가피한 사유로 인하여 긴급히 정비사업을 시행할 필요가 있다고 인정되는 때(도시정비법 제26조 제1항 1호, 제27조 제1항 제1호)에 해당하는 경우에 한정하고 있다. 그리고 도시정비법은 제65조에서 "정비구역에서 정

비사업의 시행을 위한 토지 또는 건축물의 소유권과 그 밖의 권리에 대한 수용 또는 사용은 이 법에 규정된 사항을 제외하고는 공익사업법을 준용한다"고 규정하고 있고, 제81조 제1항 본문에서 관리처분계획 인가 고시로 인한 토지 또는 건축물의 소유자·지상권자·전세권자·임차권자 등 권리자의 사용·수익의 정지를 규정하면서, 같은 항 단서에서 그 예외로 "사업시행자의 동의를 받거나 공익사업법에 따른 손실보상이 완료되지 않은 권리자의 경우에는 그러하지 아니하다"고 규정하고 있다.

위 각 규정의 문언과 취지를 종합하면, 도시정비법 제81조 제1항 단서는 도시정비법 제63조에 따라 사업시행자에게 공익사업법상 정비구역 안의 토지 등을 수용 또는 사용할 권한이 부여된 정비사업에 제한적으로 적용되고, 그 권한이 부여되지 아니한 주택재건축사업에는 적용될 수 없다.

따라서 재건축사업에 있어서 영업보상을 구하는 피고의 위 주장은 이유 없다.

[재건축조합/ 손실보상금/ 임대차기간] 주택재건축사업에서 임차인의 지위/ 손실보상금 준용여부/ 임대차기간 보장여부(서울중앙지방법원 2018가단5212675 건물인도)

법원판단

가. 손실보상금 지급 주장 및 판단

피고 D, E는 원고가 서울특별시 도시 및 주거환경 정비조례 제42조의 5에 따른 협의체를 구성하여 손실보상금 지급을 이행하시 않는 이상 원고의 청구에 응할 수 없다고 주장한다.

그러나 ① 구 도시정비법상 재건축정비사업 시행자가 직접 사업구역 내의 임차인에게 주거 및 이주대책을 수립해 줄 의무가 있다고 볼 명시적인 규정이 없는 점, ② 도시정비법은 정비사업의 유형별로 공공성, 공익성 및 강제성이 상대적으로 미약한 점, ③ 주택재개발사업의 수용보상금이 개발이익을 배제한 수용 당시의 공시지가에 따른 것과 달리 주택재건축사업의 매도청구권 행사의 기준 시가는 개발이익이 포함된 가격인데 이러한 차이는 주택재건축사업의 토지 등 소유자로 하여금 임차권자 등에 대한 보상을 임대차계약 등 사적자치에 따라 해결할 것을 전제로 한 것으로 보이는 점 등에 비추어 보면, 위 **조례상의 손실보상이 재건축정비사업의 임차인에는 적용되지 않는 것으로 봄이 타당하므로, 피고들의 위 주장은 이유 없다.**

나. 임대차 기간에 대한 주장

1) 먼저, 피고 B는 주택임대차보호법상 2년의 임대차기간이 보장되어야 하므로 원고의 청구에 응할 수 없다고 주장한다. 그러나 **구 도시정비법 제44조 제5항은 관리처분계획인가를 받은 경우** 임대차계약의 계약기간에 대하여는 주택임대차보호법 제4조 제1항에서 정한 2년의 임대차 기간 규정은 적용하지 않는다고 정하고 있는바, **원고가 2016. 7. 13. 관리처분계획을 인가 받은 사실은 앞서 본 바와 같으므로, 위 피고의 주장은 이유 없다.**

2) 살피건대, 임대차보호법 제6조 제1항 전문은 "임대인이 임대차기간이 끝나기 6개월 전부터 1개월 전까지의 기간에 임차인에게 갱신거절 통지를 하지 아니하거나 계약조건을 변경하지 아니하면 갱신하지 않겠다고 한 경우에는 그 기간이 끝난 때에 전 임대차와 동일한 조건으로 다시 임대차한 것으로 본다"고 정하고 있고, 위 피고는 2015. 5. 2. 별지 목록 기재 해당 부동산을 임대차기간 2016. 5. 19.까지로 정하여 임차하면서 **임대차계약의 특약사항으로 "재건축 또는 재개발을 사유로 임대를 지속할 수 없는 상황이 되었을 때는 임대인은 동 사실을 임차인에게 통보하고 계약기간 중이라도 본 계약을 해지할 수 있으며, 임차인은 이를 수용하기로 한다."고 정하였고, 그 후 임대인의 지위를 승계한 위 해당 부동산의 소유자들은 재건축사업 시행을 이유로 계속하여 임대차계약의 종료를 통지하여 왔음은 당사자 사이에 다툼이 없거나 앞서 제출한 증거에 변론 전체의 취지를 더하여 인정할 수 있다. 따라서 위 피고의 임대차계약은 적법하게 종료되었다고 할 것이어서,** 위 주장 또한 이유 없다.

02

권형필 변호사의 재개발·재건축 조합
분쟁 사례 시리즈

매도청구권
현금청산 토지수용

초판 발행   2020년 09월 04일

지 은 이   권형필
디 자 인   이나영 임단비
발 행 처   주식회사 필통북스
출판등록   제2019-000085호
주   소   서울특별시 관악구 신림로59길 23, 1201호(신림동)
전   화   1544-1967
팩   스   02-6499-0839
homepage   http://www.feeltongbooks.com/

ISBN   979-11-90755-37-5 [03360]

ⓒ 권형필, 2020

정가 25,000

지혜와지식은 교육미디어그룹
도서기획 필통북스의 인문서적 임프린트입니다.

|이 책은 저자와의 협의 하에 인지를 생략합니다.
|이 책은 저작권법에 의해 보호를 받는 저작물이므로
  주식회사 필통북스의 허락 없는 무단전제 및 복제를 금합니다.
|잘못된 책은 바꾸어 드립니다.